Miriam Krug

P l e i t e n

P e c h

M(it) *S*(paß)

An einem normalen Tag blickte ich mal auf mein Leben zurück und stellte dabei fest, dass ich schon so ziemlich viel Lustiges und Skurriles erlebt habe.
Bestimmt bin ich wie Obelix in einen Topf voller Tollpatschigkeiten, statt Zauberkräften gefallen.

Manchmal denk ich auch, dass ich von einem anderen Stern bin. Lustikus oder Spaßifix.

Unglücksiax wäre auch
noch so 'ne Idee. Oder ob es an meinem
Namen, meiner Person liegt, keine Ahnung.
Denn so viel Lustiges oder Verrücktes zu
erleben, ist doch nicht normal für eine
einzelne Person!

Es war das Jahr *1974* und meine Mutter, eine christliche Palästinenserin, war schwanger mit mir.

Ihr Bauch wurde von Monat zu Monat, danach von Woche zu Woche immer dicker.

Am Anfang hatte man noch gedacht, das wäre, weil es die zweite Schwangerschaft war, denn zwei Jahre zuvor kam mein Bruder auf die Welt, halt normal so.

Doch der Bauch nahm eine Größe an, die fast beängstigend war. Meine Mutter ist auch nicht besonders groß, was den Bauch natürlich noch viel dicker aussehen ließ.

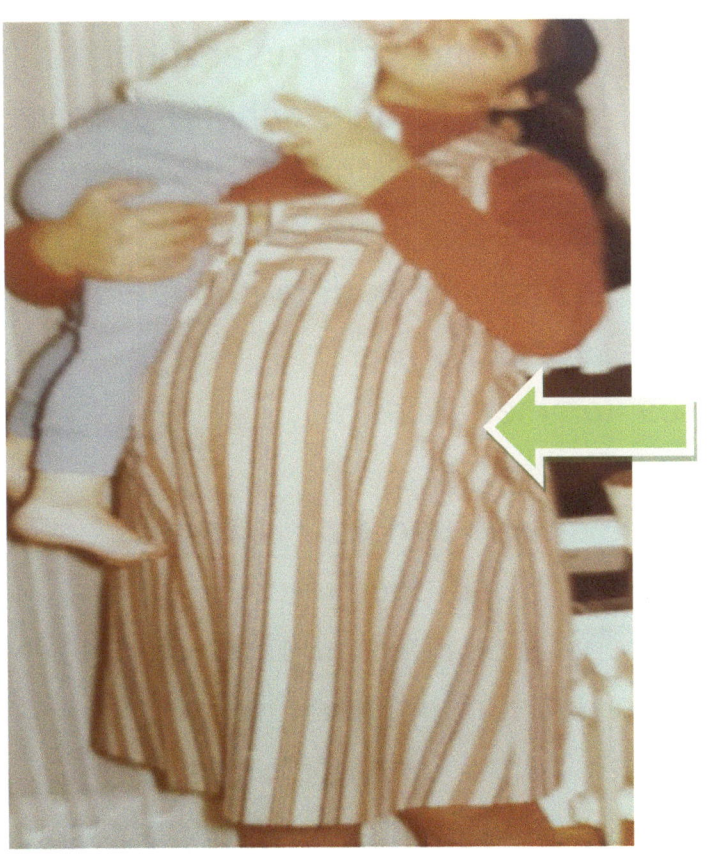

Auf Grund dessen ging meine Mutter etwas beunruhigt zum Arzt, der sie aber mit der Aussage beruhigte, das sie entweder Zwillinge oder ein ziemlich dickes Baby bekommen würde. Damals wurden noch keine Ultraschallbilder gemacht.

Es kam der Tag des geplanten Kaiserschnitts. Da mein Bruder auch mit Kaiserschnitt auf die Welt geholt wurde, sagte man früher, dass danach auch besser wieder ein Kaiserschnitt gemacht werde. Was wohl in dem Fall meiner Mutter auch besser war.
Es kam, wie es kommen musste.
Es waren keine Zwillinge!!
Sondern **ich** war alleine und ein richtiges Pummelchen von 8 Pfund und 53 cm!!
Dicke, dichte schwarze Haare hatte ich, und außerdem hatte ich auch immer Hunger.
Freunde meiner Eltern besuchten meine Mutter nach der Entbindung im Krankenhaus, um mich, den neuen Erdenbürger, zu begutachten. Unter den vielen neugeborenen Babys auf Station fiel ich natürlich mit meinen langen, dichten, schwarzen Haare aus der Reihe und die Besucher wussten direkt, dass dieses Baby nur ICH sein konnte.
Meine Mutter musste im Krankenhaus zum Zuckermessen gehen, da sie ein schweres

Kind, MICH, zur Welt gebracht hatte, und es so zu einer Diabetes hätte kommen können.
Eine Schwangerschaftsdiabetes.
Mit meinen langen, kleinen, spitzen Fingernägeln als Säugling hab ich mir immer mit der rechten Hand in die Wange gekniffen und gekratzt vor lauter Hunger. Geschrien und gestrampelt habe ich, denn es war schlimm so hungrig zu sein.
Die Narben des damaligen Kampfes ums Essen trag ich heute noch im Gesicht. Aber mittlerweile sehe ich sie schon gar nicht mehr, wenn ich in den Spiegel schaue.
Es war gar nicht so schlimm als "Sumo-Ringer" auf die Welt zu kommen, denn heute sieht man nichts mehr davon.
Heute bin ich eine normal schlanke Frau, trage kurze, braune, leicht grau melierte Haare.

Doch das war noch nicht alles von früher.
Einen Leistenbruch bekam ich auch noch. Sehr wahrscheinlich wurde ich schon damit

geboren.
Jedenfalls bin ich dreimal an einem Leistenbruch operiert wurden. Erst links, dann rechts, bis dann im Alter von 4 Jahren, komplett, sogar der Eierstock darin eingeklemmt war, woraufhin die Ärzte einen längeren Schnitt machen mussten, um alles wieder in Ordnung zu bringen.
Nach der Operation war zum Glück alles wieder gut. Außer einer langen Narbe am Unterbauch ist nichts übriggeblieben.

Kurze Zeit Später bekam meine Mutter die deutsche Staatsangehörigkeit zugesprochen. Nun konnten wir als Familie auch ohne größere Probleme weltweit verreisen. Ganz stolz und glücklich nach dieser Information rannte ich aus dem Haus und verkündete es freudig in der ganzen Nachbarschaft:
„Meine Mama ist jetzt eine Deutsche, sie bekommt blonde Haare und auch blaue Augen!"
Mit den Augen eines Kindes betrachtet, sag

ich nur!

-

Bei einer Kinderweihnachtsfeier unserer Gemeinde wurde eine Art Ratespiel durchgeführt. Es kam die Frage, wer denn wohl in Bethlehem geboren ist (gemeint war Jesus). Meinen ganzen Mut nahm ich zusammen und stand auf, rief ganz laut und mit überzeugender Stimme: „Meine Mama!!!!"
Der gesamte Saal verfiel in ein amüsiertes Lachen und Klatschen.
Klar wäre die erwartete Antwort Jesus gewesen, doch falsch war meine Antwort ja auch nicht!!

-

Eine lustige Geschichte aus meiner Kindheit hätte ich noch. Mein Cousin Nick und ich hatten damals immer etwas ausgeheckt. Wir hatten uns immer eine Art "Plan" gemacht. Es

war Frühjahr und wir spielten draußen. Plötzlich fingen mein Bruder und mein etwas älterer Cousin Anton an, uns zu ärgern. Wir versteckten uns hinter dem Haus unserer Großeltern. Ich lebte mit meinen Eltern und mit meinem Bruder auch in diesem Haus. Dann fingen mein Bruder und Anton an, uns mit irgendwelchen Gegenständen zu bewerfen, Stöckchen oder Moos. Doch sie hatten uns unterschätz!! Nick und ich standen genau vor dem Rhododendron-Busch, der in diesem Jahr das erste Mal blühen sollte, wenn denn nichts dazwischenkommen würde.
Nick und ich standen direkt vor unserer "Waffe"! Erfreut über die große Anzahl der Knospen für unsere "Gegen-Wurf-Attacke" pflückten wir sehr sorgsam die ertragreiche Beute. Mit einem verschmitzten Grinsen im Gesicht begannen wir mit dem Gegenangriff. Eine Knospe nach der Anderen warfen wir, erfreut über die gefundenen "Geschosse" in Richtung unserer Brüder. Nachdem die letzte

"Granate" zu dem Feind abgeschossen war, reichten Nick und ich uns die Hände. „Gut gemacht", beglückwünschten wir uns gegenseitig.

Doch das sah unser Großvater nicht so! Er kam vor Wut sprühend um die Ecke gerannt und schickte uns rein in seine Küche!! Dort bekamen wir einen Ärger von ihm, der sich gewaschen hat, zum Abschluss bekam jeder von uns noch einen Klaps auf den "Hintern"!!!

Nach dieser Aktion fiel Nick und mir immer wieder etwas Neues, für uns und unsere innige Freundschaft auch "Wichtiges" und "Interessantes" ein.

So gingen wir durch das relativ große Treppenhaus von meiner Familie und unseren gemeinsamen Großeltern. Auf fast jeder Etage machten wir "versteckt" ein Kreuz, besser gesagt einen Stern mit blauem Wachsmalstift.

Sie waren nicht besonders groß oder störend, fanden wir jedenfalls. Doch auch das kam raus und wir bekamen erneut Ärger von Opa. Nicht so schlimm wie beim letzten Mal, denn irgendwie fanden unsere Eltern und Großeltern es im Nachhinein ganz witzig und machten sie lange Zeit danach noch nicht weg. Yeah, wieder der Gedanke: Wir haben alles richtiggemacht!

-

Die Jahre, die dann folgten, waren etwas ruhiger und unspektakulärer. Bestimmt waren auch hier und da ein paar Missgeschicke oder Tollpatschigkeiten geschehen, aber daran erinnere ich mich heute nicht mehr genau.

Kindergarten, Grundschule und dann die Weiterführende. Der normale Wahnsinn halt. Auf ein Gymnasium ging ich damals. Nicht weil ich sehr schlau war, sondern weil mein Bruder und meine Cousinen und einige meiner Freundinnen aus der Grundschule dahingingen. Denn so konnten wir ja immer gemeinsam zur

Schule gehen.
-

In den Ferien fuhren wir immer nach Holland. Wir hatten dort einen Stellplatz für den Wohnwagen.
Klar hatten auch wir klein angefangen, erst mit einem Zelt. Ich glaube, ich war 2 Jahre alt, als wir das erste Mal nach Holland fuhren. Später sind wir dann umgestiegen, oder besser gesagt aufgestiegen, nämlich auf Wohnwagen.
Da wir früher immer in derselben Ecke waren auf dem Stellplatz, hatten sich dort auch richtige Freundschaften gebildet. Zwei Freundinnen waren auch immer da, wenn wir dorthin fuhren.
Das heißt, sobald wir angekommen waren, Tür vom Auto auf und weg……
Mein Bruder hatte natürlich auch Freunde dort, mit denen er später immer zum Angeln gegangen war, so waren wir beide weg. Unsere Eltern mussten alles alleine aufbauen, was uns

in dem Moment völlig egal war!
Uns war es einfach viel wichtiger, erstmal zu schauen, wer von unseren Freunden schon da war, als aufzubauen. Wie es meistens so war, hatte ich immer Glück und meine Freundinnen waren schon da. Was natürlich zur Folge hatte, das ich erst abends wieder zurück zum Wohnwagen ging. Erstaunlicherweise bekamen wir fast nie Ärger von unseren Eltern dafür.
Da mein Vater Berufschullehrer war, waren wir fast immer in Holland, alle Ferien, die verlängerten Wochenenden und Feiertage.
Also eigentlich immer, mit Ausnahme der "überflüssigen" Schulzeit!!!
In den Sommerferien war es immer am schönsten! Fast 6 Wochen.
Der Campingplatz liegt direkt am Meer. Morgens nach dem Frühstück gingen wir schon an den Strand. Bepackt mit Rosinenbrötchen und Trinken, Tiroler Nussöl und Handtüchern, Strandmatten aus Bast hatten wir auch dabei. Manchmal sogar einen Sichtschutz oder einen

Sonnenschirm. Bis nachmittags Sonne pur genießen.
Da es schön warm war und durch die vielen leisen Nebengeräusche und das sanfte Rauschen der Wellen am Strand, schlief ich ein.
Als ich nach einiger Zeit erwachte, sah ich das Missgeschick. Meine Hand war auf meinem Bauch abgezeichnet. Denn so war ich leider eingeschlafen. Ein sogenanntes Sonnen-Tattoo hatte ich dann. Peinlich. Denn längere Zeit konnte man den Abdruck meiner Hand noch sehen! Wieder mal typisch für mich.
Meine Tante und ihr Familie waren immer, von Beginn unseres Campings, dabei.
Was mir noch doofes passiert ist: In meiner Schlafkabine im Vorzelt hatte ich eine kleine Öllampe brennen, damit ich noch lesen konnte vorm Einschlafen. Als ich dann müde genug war, musste ich das Licht nur noch auspusten. So ging ich mit meinem Gesicht näher an die Lampe heran. Das Kinn nach vorne gestreckt,

pustete ich mit gespitzten Lippen leicht Richtung Flamme, doch beim Erlöschen des Lichtes berührte mein Kinn, leider, leicht das heiße Glasgefäß der Öllampe und ich verbrannte mich so daran. Wieder Mal hatte ich den ganzen Sommer ein Merkmal, diesmal im Gesicht.

Es war eine besonders schöne und erholsame Zeit für alle.

In der Nähe unseres festen Stellplatzes hatte eine holländische Familie auch einen Saisonplatz, den selben Platz, Jahr für Jahr. Da wir uns sehr gut mit ihnen verstanden und sie ganz in der Nähe wohnten, besuchten wir sie auch zu Hause.

Einmal fuhren wir gemeinsam zu ihrem Hausboot. Über einen festen Steg war das Boot zu erreichen.

Nach gemütlichem Kaffeetrinken und Kuchenessen machte Jako uns den Vorschlag, eine Runde in seinem Sportboot zu drehen. Mein Vater, mein Bruder und ich wollten sehr

gerne mitfahren. Wir verließen das Hausboot und gingen Richtung Anlegestelle. Schon mit leichtem Unwohlsein ging ich mit Hilfe über einen schmalen, wackligen Steg in das unruhig liegende Sportboot hinein. Glücklich Platz genommen, fuhren wir zirka eine halbe Stunde Boot. Nicht wirklich losgelöst von dem Gedanken an den schmalen, wackligen Steg genoss ich trotzdem die Spritztour.
Alle, bis auf Jako und mir, hatten das Boot danach verlassen. Jeder Schritt brachte das Boot mehr zum Schaukeln.
Vorsichtig stellte ich etwas zittrig ein Bein auf den Steg! In Zeitlupe entfernte sich jedoch das Boot von dem Steg! Fast wie im Spagat stand ich nun da und ahnte schon, dass es, egal was ich jetzt auch machte, schief gehen würde. Die Ausgestiegenen redeten mir gut zu und gaben mir kluge Ratschläge, um sicher aus der heiklen Situation, in der ich mich befand, rauszukommen. Je länger ich in dieser Stellung stand, umso größer wurde der

Spagat. Es geschah in Sekundenschnelle: Mit einem lauten "Platsch" fiel ich mit geöffneten Augen und voller Montur in das Gewässer.
Sehr trüb war der See und kalt noch dazu. Es war schließlich März. Da ich mit meinen ganzen Anziehsachen und Schuhen im Wasser war, erhöhte sich mein Gesamtgewicht und es war mir nicht möglich, alleine wieder an Land zu kommen. Mit vereinten Kräften haben mich die trocken Gebliebenen aus dem Wasser gezogen. Klar, dass mir das wieder passiert war, wem denn sonst?
Gerne erinnere mich daran zurück, denn das war mal wieder ein Missgeschick, wie es im Buche steht.

Unsere Eltern hatten in diesen Zeiten auch Urlaub, da wir "Kinder" immer in Gruppen unterwegs waren, brauchten sie sich keine Sorgen um uns Kinder zu machen, und wir hatten eine "geile" Zeit ohne Aufsicht mit unseren dortigen Freunden verbracht. Fast

die komplette Pubertät hatte ich in Holland durchlebt. Die erste große Liebe, die erste Zigarette, der erste Alkohol. Sachen, oder besser gesagt Momente, die ich nie vergessen werde.
Die erste Zigarette zum Beispiel.
Meine dortige Freundin hatte sie von ihren Eltern gemops. Wir saßen an einem wunderschönen Ort, der Aussichtsdüne am Campingplatz. Geduckt, damit uns auch ja niemand sehen konnte. Puh, igitt, aber irgendwie auch cool.
So geheim und mit dem Gedanken, man wäre doch jetzt dadurch erwachsener und interessanter für die Jungs.
Auch den ersten Kontakt mit Alkohol hatte ich in Holland. Uijuijui war das komisch. Gebrochen hatte ich davon. War wohl etwas zu viel Bessen Genever! Hicks…..
Den ich übrigens heute noch sehr gerne trinke.

Kurz nach meinem 15. Geburtstag geschah etwas Unfassbares.
Meine Oma, die bei uns im Haus lebte, lag im Krankenhaus. Ihr ging es sehr schlecht. Meine Eltern und meine Tante, die direkt gegenüber wohnt, wechselten sich ab mit dem Besuchen. Da es kurz vor Weihnachten war, mein Geburtstag ist am 12.12., brannte natürlich der Adventskranz, zwei Kerzen leuchteten bereits.
Wie immer telefonierte ich mit meiner Freundin. Laber laber laber... unaufhörlich. Dann klingelte es an der Wohnungstür und ich beendete das Telefonat.
Meine Cousine, Kerstin, stand vor mir und erzählte mir, dass meine Eltern seit geraumer Zeit versuchen mich anzurufen, es aber immer besetzt sei. Meine Mutter hatte vergessen den Adventskranz auszumachen und sie sei total beunruhigt. So hatten sie dann bei

meiner Tante angerufen und gebeten, jemanden zu mir rüberzuschicken und mich zu bitten, den Adventskranz auszumachen. Hä, ich sitze doch die ganze Zeit davor und spiele mit den Tannennadeln im Feuer, sagte ich meiner Cousine. Nun gut, sie wollte und sollte es mir halt sagen.

Dann fragte sie mich nach meinen Geburtstagsgeschenken. Einige lagen noch im Wohnzimmer auf einem sogenannten Geburtstagstisch. Die zeigte ich ihr daraufhin.

Dann fiel mir noch das beste Geschenk ein, eine Schlafcouch. Die stand allerdings schon in meinem Zimmer, was im Hausflur schräg gegenüber der Wohnungstür lag.

Ich wollte sie meiner Cousine natürlich nicht vorenthalten!

Kerstin erinnerte mich noch mal daran den Adventskranz auszumachen, doch ich sah keinen Grund darin, da ich ihr ja nur kurz was im Zimmer zeigen wollte.

Wir verließen dann das Wohnzimmer, in dem der Adventskranz noch schön und ruhig vor sich hin brennen konnte.

Doch wie Mädels in dem Alter halt sind, bla bla bla, verquatscht man sich auch gerne. Der Kopf ist voll mit Schule, Freundinnen, Kumpels und besonders mit gutaussehenden Jungs, die man irgendwo und irgendwann mal gesehen hat. Die Zeit verging wie im Flug, bis Kerstin plötzlich zu mir sagte, es würde irgendwie komisch riechen. Daraufhin bat ich sie einfach nur meine Zimmertür zu schließen, die wir eigentlich wohlweislich offengelassen halten. Es verging einige Zeit, in der wir alles um uns vergessen hatten. Leider auch den Adventskranz!

Wir hörten das Auto meiner Eltern ankommen und wurden zeitgleich auch wieder in die Realität versetzt. Hektisch verließen wir mein Zimmer und sahen schon durch die Glasbausteine im Flur, der zur Wohnung meiner Eltern führt, dunkle Nebelwolken, die nichts Gutes verhießen. Nervös öffnete ich die Tür und ging schnurstracks auf den Tisch mit dem nicht mehr vorhandenen Adventskranz zu. Der Verstand setzte aus und ich dachte nur Feuer = Wasser, dabei vergaß ich leider, dass der Adventskranz auf einem Marmortisch gestanden hatte. Zu spät, schon hatte ich Wasser auf die Unglücksstelle gekippt. Peng, mit einem lauten Knall platzte dann noch die Marmorplatte. Ach, nicht schlimm, kann man ersetzen. Schnell forderte ich von Kerstin ein Backblech aus dem Herd meiner Mutter an, um die Überreste darauf zu machen. Top, der Gedanke war gut. Wir haben dann noch etwas von dem verbrannten zusammengefegt und dachten echt, das kaum mehr was zu sehen wäre.

Meine Eltern kamen die Treppen hoch gerannt, wie von einer Tarantel gestochen. Mein Vater voraus, Licht an und dann "Klatsch", hab ich mir eine gefangen. Meine Cousine war, bevor meine Eltern oben waren, still und heimlich

nach Hause gegangen. Denn ihr blühte bestimmt auch nichts Gutes zu Hause.
Der Schaden sah bei Licht echt übel aus. Alles Schwarz und voller Ruß. War schon heftig.
Das Beste kommt jetzt noch.
Kurz vor dem Brand haben meine Eltern eine neue Couch bestellt. Sah natürlich erstmal blöd aus vor der Versicherung. Aber schließlich haben sie doch alles übernommen. Sogar das Deckchen unter dem Teller auf dem der Adventskranz stand.
Nach dem ganzen Schrecken waren meine Eltern mir fast dankbar, dass ich für den Schaden gesorgt habe. Tja, dumm gelaufen. Überall wo ich danach hinging, machten sie alle schnell die Kerzen aus, egal ob Weihnachtsbaum mit echten Kerzen oder Adventskranz.
Aber auch damit kann ich leben.
Heute, über zwanzig Jahre später, lach ich mit meiner Cousine Kerstin immer noch herzlich darüber. Wenn ich es heute so

erzähle, wird auch immer herzhaft gelacht.

-

Durch meine beste Freundin in der Schule lernte ich meinen heutigen Ehemann, Michael, kennen. Er war der beste Freund von dem Freund meiner Freundin.
Gemeinsam haben wir viel Spaß gehabt und auch ziemlich viel Blödsinn gemacht.
Da mein Freund schon ein Auto hatte, konnten wir einiges unternehmen.
Den Motorradführerschein hatte er auch und sogar ein Motorrad. An einem sonnigen, warmen Tag wollten wir einfach mal eine kleine Spritztour machen, Eis essen oder so was. Michael wollte aber erst noch Geld vom Geldautomat holen. Er sagte mir die Geheimzahl seiner Karte und schickte mich in das Gebäude, um Geld zu holen. Da wir Wochenende hatten, musste ich die Karte

neben der Eingangstür in einen dafür vorgesehenen Schlitz stecken, damit die Tür überhaupt aufging. Als ich drin war, wollte ich Geld abheben und steckte die Karte in den Geldautomaten, gab die Geheimzahl ein, wählte den gewünschten Auszahlungsbetrag, und schwupp, wurde die Karte einbehalten. Verdutzt stand ich dann in dem Raum, drehte mich um und wollte raus, um Michael das zu sagen. Doch die Ausgangstür öffnete sich nicht. Suchend schaute ich mich nach einem Schalter oder ähnlichem um, der die Tür öffnete. Doch nichts dergleichen war da. Schultern zuckend, die Hände zur Seite streckend sah ich Michael, der mittlerweile schon nach mir Ausschau hielt, an. Etwas zurückgehen, dachte ich mir, damit vielleicht der automatische Türöffner funktioniert. Aber nichts dergleichen geschah. Etwas verängstigt, fühlte ich mich in dem Glaskasten. Karte weg, Tür versperrt. Oh je, gleich kommt bestimmt die Polizei und holt mich. Da hatte ich noch nicht wirklich viel Ahnung, wie das alles funktioniert. Michael stand mittlerweile vor der Tür und deutete mir immer wieder an, ich solle doch weiter nach hinten gehen. Ich versuchte es immer wieder, doch die Tür öffnete und öffnete sich einfach nicht. Michael gestikulierte immer heftiger von außen, ich ging auch immer wieder weiter zurück, aber, …plötzlich öffnete sich die Tür. Überglücklich ging ich aus der Bank hinaus.

Michael schaute mich wie einen Außerirdischen an und sagte: „Wie blöd bist du eigentlich, du hättest einfach nur gerade auf die Tür losgehen müssen, dann hätte die Tür sich schon automatisch geöffnet. Aber nein, du bist immer unter dem Bewegungsmelder hergelaufen, sodass der Öffner sich nicht betätigen konnte." Wie Klein-Doof stand ich nun da. Und musste ihm auch sagen, dass seine Karte einbehalten wurde. So fuhren wir dann ohne Geld in der

Tasche eine kleine Runde Motorrad, was ja auch schön war.
Es war wieder mal typisch für mich, einfach zu dumm gelaufen.

-

Mit 19 Jahren habe ich dann selber den Führerschein gemacht. Nur Auto. Oh, war das spannend, die erste Fahrstunde!! Wie schwer war es für mich, einfach geradeaus zu fahren. Unglaublich. Aber auch das ging nach etwas mehr Fahrpraxis. Mit null Fehlern hatte ich die Fahrprüfung bestanden, so war ich dann stolzer Besitzer des Führerscheins. Mein erster Gedanke nach der Prüfung war: „So, jetzt brauch ich nie mehr Auto fahren!"
Doch mein Vater sah das anders. Er sagte zu mir, als ich mit Führerschein nach Hause kam, „Jetzt fahren wir erst mal 'ne Runde Auto!"
Doch ich war nicht sehr glücklich darüber.
„Ich kann doch gar nicht Auto fahren", war meine Antwort darauf.

Erstaunt schaute mein Vater mich an. Was ich denn da in der Hand hielte? Führerschein doch wohl. Also könne ich auch Auto fahren. Angsterfüllt stieg ich in das Auto, den Geländewagen, und fuhr los. „Hey, es geht doch tatsächlich", dachte ich.
Naja, mein damaliger Gedanke war, dass ich mich wohl nie anfreunden werden würde mit dem Autofahren.
Heute muss ich sagen, ich kann es mir nicht mehr vorstellen, kein Auto zu fahren. Ich liebe es, die Freiheit und die Ungebundenheit dadurch zu haben!
Leider bin ich eine schnelle Fahrerin und habe deswegen schon ein paar Punkte und Lehrgeld bezahlen müssen. Mein Fahrprüfer damals sagte zu mir: "In Zukunft etwas schneller bitte!" (ob es wohl daran liegt !!??)

-

Leider wurde mir im Juli 1993, ich war knackige 18, die Diagnose Multiple Sklerose gestellt. Vermutlich hatte ich schon mit 16 meinen ersten erkennbaren, gespürten Schub. Aber damals hatte ich keine Untersuchungen über mich ergehen lassen. Worüber ich heute glücklich bin. Es sind für mich zwei geschenkte Jahre ohne Diagnose.

Da ich aber über andere Sachen in meinem Leben berichten möchte, lasse ich die MS etwas beiseite liegen. Bestimmt greif ich immer wieder mal auf sie zurück, denn auch trotz der Diagnose MS erlebte ich und erlebe immer noch einiges Witziges. Aber das soll nicht der Hauptinhalt dieses Buches werden!

-

Es gibt kaum ein Fettnäpfchen, in das ich nicht trete, und die Tollpatschigkeit wurde mir schon mit in die Wiege gelegt.

Wenn ich ganz normal einkaufen gehe zum

Beispiel, nehme ich mir nie den ersten, also den direkt erreichbaren Artikel, sondern lieber den weiter hinten stehenden. Bestimmt nur so eine blöde Angewohnheit. Sehr häufig ist aber dann genau dieser Artikel, den ich für so gut und richtig gehalten habe, beschädigt oder fehlerhaft.

Oft ist es dann auch so, das mir die davorstehenden Teile umkippen und eine Kettenreaktion auslösen. Beim wieder Einräumen löst sich auf einmal das Preisschild ab und liegt am Boden, beim Aufheben komme ich an ein anderes Regal und auch von diesem purzeln einige Artikel auf den Boden. Langsam gerate ich schon ins Schwitzen und werde etwas nervös, da das alles ja auch nicht geräuschlos vonstattengeht. Hinter mir taucht dann eine Verkäuferin auf und sagt mit freundlicher Stimme: „Ach, lassen Sie nur, ich räume das schon wieder auf."

Peinlich berührt verlasse ich dann den "Unfallort".

Oder es ist so viel passiert, dass ich schnell woanders hingehe, so als ob ich nichts gemacht hätte.
Auch daran hab ich mich gewöhnt.
So Sachen wie in der Obst-Abteilung genau in die Tomate zu fassen, die matschig und faul ist, dann festzustellen, dass man kein Tuch oder ähnliches bei sich trägt, ist Normalzustand.
Zu Hause dann den gekauften Artikel aus der Verpackung nehmen und feststellen, dass man die Verpackung durch "nicht lesen können", falsch geöffnet hat. Und zwar so, dass sie nach der Öffnung nicht mehr zu verschließen ist.
Oder einfach kaputt gemacht dadurch!
Umtausch somit nicht mehr möglich.
Vor einem Supermarkt standen zwei Liegestühle aus Holz, sehr schöne Artikel.
Nachdem ich sie begutachtet hatte, wollte ich mich natürlich auch mal reinsetzen.
Der erste Stuhl hat mir irgendwie nicht

zugesagt oder mich eingeladen, darauf Platz zu nehmen. Somit ließ ich mich auf dem anderen nieder und "Krach, Bum, Peng" saß ich am Boden. Errötend sah ich mich um, ob auch ja keiner mein Missgeschick gesehen hatte, und sah dabei, in einer Ecke stehend und verschmitzt lachend, den Verkäufer. Er kam auf mich zu um mir, ohne ein Wort über das Unglück zu verlieren, zu helfen. Sehr nett und freundlich war der Herr. Er versuchte, den Stuhl wiederherzurichten aber er sagte, dass der wohl schon vor meinem Fauxpas kaputt war. Aber war ja mal wieder klar, dass der dann bei mir ganz kaputtging. Warum auch nicht!?

-

Es war Winter. Draußen war es nasskalt. Etwas Schnee lag auf den Straßen. Mein Mann und ich fuhren zu einem Einkaufscenter, um uns eine neue CD zu kaufen. Da es draußen am Schneien war, waren einige Autos, die da parkten, schneebedeckt. So lag dann auch um das Auto herum etwas Schneematsch. Ganz normal lief ich in dem Parkhaus eine kleine Steigung hinauf, dann wollte ich nach links in Richtung Einkaufspassage. Doch plötzlich fing ich an zu rutschen. Halt suchend streckte ich meinen Arm in Richtung eines parkenden Autos aus. Da die Scheibe jedoch nass und schmierig war, fand ich keinen sicheren Halt, sondern wischte förmlich in kreisrunden Bewegungen die Scheibe. Meine Beine rutschten vor und zurück, gleichzeitig glitt meine Hand weiter über die Autoscheibe. In der Situation war ich in dem Moment sehr hilflos. Ich fühlte mich wie in einer Zeitschleife, aus der ich nicht mehr rauskam. Die Füße vor und zurück, die Hand kreisend an der Autoscheibe. Unmöglich allein aus dieser Misere rauszukommen! Gefühlt "tanzte" ich dort eine Ewigkeit, bis Michael mich sah und mich aus meiner Notlage endlich befreite. Er streckte mir einfach nur seine Hand entgegen, ich hielt mich daran fest und hatte wieder sicheren Halt unter den Füßen.

Das war wieder eine typische, lustige und eigentlich doofe Situation, die nur wieder mir passieren konnte.

-

Michael und ich machten Urlaub bei meiner Verwandtschaft in Bethlehem.
Schon zu Beginn unseres Aufenthaltes hatten wir uns ein Auto gemietet, um das Land auf eigene Faust zu erkunden. Unser erstes Ziel war eine Fahrt nach Jericho. Es war zwar Winter, aber dort hatten wir eine Temperatur von mindestens 25° gehabt. Sehr angenehm. Die Straßenbeschaffenheit war etwas holprig und steinig teilweise, aber kein großes Problem. Wir genossen die Wüstenlandschaft die Ruhe ausstrahlte und von jeder Belastung befreite. Plötzlich gab es einen lauten Schlag, dann noch mal ein Ruckeln mit einem lauten

Peng! Erschrocken stiegen wir aus dem Wagen aus, um zu sehen, was passiert war. Oh je! Wir waren durch ein Schlagloch gefahren und hatten uns einen Platten gefahren. Nein, nicht einen, sondern gleich zwei. Vorne und hinten. Mit einem ahnungslosen Blick schauten wir uns an. Michael schaute nach dem Ersatzrad, während ich mir die Umgebung genauer ansah. In weiterer Entfernung saß ein Hirte auf einem Stein, der seine Herde beobachtete. Und auch mal einen Blick in unsere Richtung warf.

Das Auto hatte ein Ersatzrad im Kofferraum, aber wir benötigten ja zwei, um weiter fahren zu können. Wir beratschlagten uns, wie wir jetzt vorgehen sollten. Das heißt, wir mussten ein anderes Auto anhalten und um Hilfe bitten. Denn wir mussten ja in eine Autowerkstatt, um das zweite Rad reparieren zu lassen. Das Problem war nur, wir konnten das Auto nicht alleine stehen lassen, denn es war ja ein Leihwagen. Die Frage, die wir uns stellten. lautete:

„Wer fährt mit einem Fremden in die Werkstätten und wer bleibt hier alleine in der Wüste bei dem Auto?"

Mir war beides nicht recht. Sowohl die eine als auch die andere Variante fand ich für mich ungeeignet. Denn als Frau mit einem fremden Mann mitzufahren, war mir zu gefährlich. Und das in einem arabischen Land, war mein Gedanke.

Als Frau aber alleine bei einem Auto in der Wüste zu stehen, erschien mir gedanklich eigentlich auch zu gefährlich!

Trotzdem entschied ich mich für die zweite Variante.

Es dauerte nicht lange und ein Wagen hielt an und der Fahrer fragte auf Englisch, ob er helfen könne. In gebrochenem Englisch, und sprichwörtlich mit Händen und Füßen erklärten wir dem Herrn unser Problem. Für ihn war es keins, denn selbstverständlich packte er den demolierten Reifen in sein Auto, deutete Michael an, auf dem Beifahrersitz Platz zu nehmen, sagte dann noch zu mir blickend, nachdem er den Motor schon gestartet hatte: „Be careful!" und fuhr mit Michael davon.

Da stand ich nun, von Gott und der Welt verlassen, einsam in der Wüste. Zu diesem Zeitpunkt hatte ich noch geraucht, was ich in dem Moment als ganz nützlich empfand. Denn die Zigarette war wie eine Waffe für mich in der Situation. Oh nein, ein Auto voll beladen mit Kopftuch (Palästinensertuch) tragenden Männern hielt neben mir an. Die Autoscheibe war unten und der Mann auf dem Beifahrersitz fragte mich freundlich, was passiert sei und ob sie mir helfen könnten. Mit Angst im Nacken, Zigarette festhaltend, lehnte ich ab und sagte, dass uns schon geholfen wird. Bevor der Wagen losfuhr, sagte er noch zu mir: „Be careful"!

Jedes, aber auch echt jedes Auto hielt neben mir an, um mir Hilfe anzubieten. Und bei jedem Auto hatte ich das gleiche unwohle Gefühl, denn erstaunlicherweise waren immer nur Männer in den Autos. Und alle boten mir ihre Hilfe an, nachdem ich abgelehnte hatte, sagten auch alle: „Be careful!"

Wie schon gesagt, mit Angst im Nacken, drehte ich mich um und sah, dass da noch mehr als Angst im Nacken war, denn der Hirte war ja auch noch dort. Mittlerweile sogar etwas näher. Prompt zündete ich mir erneut eine Zigarette an. Man kann sagen, ich hatte fast dauerhaft eine an. Es hielt mal wieder ein Auto an, natürlich wieder nur mit Männern besetzt, diesmal mit Palästinensertuch auf dem Köpfen und Gewehren in den Händen, zwischen die Beine gestützt, ausgerüstet. Oh Gott, bitte nein!! Die Nackenhaare senkrecht nach oben gestellt, Zigarette etwas zittrig festhaltend stand ich da. Doch auch diesmal wurde mir nur Hilfe angeboten und es stellte sich heraus, dass sie hier Patrouille (Kontrolle) fuhren. Der Beifahrer sagte noch zu mir, dass es nicht gut sei, das ich hier alleine als Frau stehe („Ach nee, is mir auch klar!"), sie würden auf mich aufpassen und die Strecke vermehrt abfahren. Dann kam noch das übliche: „Be Careful" und weg waren sie.

Mannmannmann, hatte ich wieder Muffe gehabt. Be careful, be careful! Ich konnte es schon nicht mehr hören. Außerdem, was sollte ich denn machen!?

Zigarette glühend in der Hand drehte ich mich erneut zu dem Hirtenjungen um, feststellend, dass er noch ein Stück nähergekommen war. Es kam mir wie eine Ewigkeit vor, bis Michael wiederkam. Freudig stieg er mit dem reparierten Rad aus dem Auto und bedankte sich tausendfach bei dem Helfer und machte sich dran, den Reifen wieder ans Auto zu machen. Endlich konnten wir unsere Fahrt fortsetzen. Ich warf noch einen letzten Blick hinter mich und sah, dass der Hirte schon greifbar nah saß. Unsere Blicke kreuzten sich kurz, bevor wir

davonfuhren. Erleichtert und glücklich erzählte ich Michael kurz von meiner spannenden Zeit, als plötzlich das Auto wieder ins Wanken geriet, Peng! Erneut einen Platten. Oh nein! Direkt sagte ich: „Diesmal bleib ich nicht am Auto stehen!" Michael beruhigte mich sofort, schaute draußen an dem Rad nach und sagte, es sei nur ein Nagel, der in dem Schlauch stecke, und wir trotzdem selber in die Werkstatt, in der er zuvor war, fahren könnten. Zum Glück. Somit nahm doch noch alles ein gutes Ende. Die Werkstatt erkannte Michael natürlich und grinste etwas. Mit einem Hammer schlug er die Felge wieder rund, machte einen neuen Schlau in das Rad und verabschiedete uns freundlich.
Fast beschämt stellte ich fest, dass doch Alle sehr hilfsbereit waren und meine Angst total unberechtigt war.
Gerne erzähl ich davon und habe dabei immer ein Schmunzeln im Gesicht.

In unserem Lokalradio verlosten Sie einmal eine "Busreise mit Eintritt in das Disneyland". Aufgabe für den Gewinn war, dass man sich hinten an das Auto einen Aufkleber von dem Lokalsender klebte und natürlich auch das Radio beim Fahren anhatte. Reporter fuhren in der Stadt rum und suchten sich ein Auto mit dem Aufkleber aus und gaben dann das Kennzeichen durch mit der Bitte, an der nächsten möglichen Parkbucht anzuhalten. Wer der Bitte folgte, hatte somit die Chance auf den Gewinn.
"Ohne Kies nach Paris"
Natürlich hatten wir uns auch den Aufkleber auf das Auto geklebt.
Eines Morgens, das Gewinnspiel lief noch, fuhr mein Mann auf die Arbeit und hörte dann den Slogan im Radio "Ohne Kies nach Paris"
Die Sprecher sagten sein Nummernschild durch, und er fuhr direkt auf den Parkplatz,

wo auch seine Arbeitsstelle war, und stieg aus. Freudig kamen die Reporter bewaffnet mit Tasse, Kugelschreiber, Aufkleber und natürlich mit dem Hauptgewinn, "dem Gutschein", auf ihn zu. Sie gratulierten Michael und überreichten ihm die Geschenke. Da die Fahrt nur für eine Person war, der Radiosender aber anbot, noch für eine weitere Person zu buchen, nahmen wir das Angebot in Anspruch.

Sehr früh morgens ging es los. Die anderen Fahrgäste versammelten sich auch und so konnte die Fahrt nach Paris starten.
Da es draußen noch dunkel war und im Bus leise Musik lief, schlief ich ein. Nach einigen Kilometern machten wir Rast, um etwas zu essen oder einen Toilettengang zu machen. Es ging weiter, als dann endlich wieder alle im Bus waren. Nicht sehr lange und wir näherten uns Paris.
Der Reisebus konnte auch nicht sehr weit vom

Eingang entfernt parken.
Es war immer noch früh bei unserer Ankunft, was auch gut für uns war. Mit der Gruppe vereinbarten wir eine Abfahrtszeit und verteilten uns dann in dem Freizeitpark. Es war total schön, die ganzen Figuren aus den Disneyzeichentrickfilmen waren dort und super Fahrgeschäfte, mit denen wir gefahren sind. Der Park ist ziemlich groß und etwas weitläufig, aber egal, denn es war ja zum Glück trocken draußen. Natürlich haben wir da auch was gegessen, ich natürlich eine Crêpes mit Schokosauce. Sehr lecker.
Der ausgemachte Zeitpunkt näherte sich und da es noch ein paar Meter bis zum Bus waren, verließen wir das Disneyland wieder. Der Weg war mit Platten gelegt, was sehr ordentlich und sauber aussah
Wie es dann passieren musste, bin ich auf der bestimmt einzigen Platte des Parks umgeknickt, die nicht in Ordnung war, da sie locker war. Schmerzen vom Feinsten hatte ich

danach, mal wieder der rechte Fuß. Zum Glück ist mir das erst auf dem Rückweg passiert, sonst hätte ich keinen Spaß in Disneyland gehabt.
Da ich jetzt gerade beim Umknicken bin, fällt mir noch mehr dazu ein.

-

Der 1. Mai, Tag der Arbeit, an dem die meisten frei haben und den sie zum Wandern, Spazieren gehen und vor allen Dingen zum Grillen und Bier trinken nutzen.
Wir, Micha und ich, natürlich auch. Mit ein paar Arbeitskollegen von Micha und deren Frauen hatten wir uns zum Laufen mit Bollerwagen verabredet. Mit genügend Alkohol und Grillfleisch bepackt traten wir den Weg zur Grillstelle an. Es ging ziemlich bergauf, aber egal, mit vereinten Kräften bekamen wir den Wagen schon bis zu einem schönen Platz gezogen. Nun bauten wir uns erst mal eine gemütliche Ecke zum Sitzen auf. Eine

Grillstelle war schon dort vorhanden. Die mitgebrachten Leckereien und Bestecke verteilten wir Frauen, dazu gab es Soßen und selbstgemachte Knoblauchbutter. Es war eine sehr witzige Runde, in der wir alle gut getrunken und gegessen haben. Teilweise lagen wir vor Lachen am Boden. Baguette mit Knoblauchbutter aßen wir bis zum Umfallen. Da wir noch eine gute Strecke für den Abstieg vor uns hatten, verließen wir den Grillplatz nach einem guten und gemütlichen Beisammensein. Den Rückweg nahmen wir an der Straße entlang, da der Bollerwagen da etwas besser zu ziehen war. Eine geteerte Straße, die nicht bis ganz an den Wegesrand ging, führte uns hinunter. Lustige Gespräche und Witze beim Laufen verkürzten uns gefühlt die Strecke. Etwas angetrunken übersah ich ein Loch im Boden und knickte darin um. Schmerzvoll gab ich einen Laut von mir. Micha kam direkt zu mir geeilt und fragte nach dem Geschehnis und meinem

Wohlergehen. Die Anderen boten mir direkt einen Platz im Bollerwagen an, falls ich nicht mehr laufen könne.
Jedoch ging es mir nach kurzem Ausruhen und einem Schluck Bier wieder besser. Also weitergehen. Hinter mir hörte ich ein Auto näherkommen und wollte ein kleines Stück Platz nach rechts machen. AHH... schon wieder umgeknickt mit dem rechten Fuß. Schnell setzte ich mich vor Schmerz hin. Das Auto fuhr langsam an uns vorbei. Diesmal dauerte es etwas länger, bis ich weitergehen konnte. Auch diesmal wollte ich mich trotz Aufforderung nicht in den Bollerwagen setzen. Es dauerte nicht lange und es brauchte auch nicht viel, bis ich zum dritten Mal mit demselben Fuß erneut umknickte. Diesmal fiel ich sofort nach vorne um. Die Tränen liefen mir vor Schmerz, Belustigung und Ärger über mich selbst die Wangen runter. Alle waren sehr besorgt um mich und Michael hat mir diesmal sogar befohlen, mich in den Wagen zu

setzen. Aber ich hätte diesmal auch freiwillig im Bollerwagen Platz genommen. Michael rief seine Mutter an, um sie zu bitten, uns an der Buswende in dem Ort, wo wir ankommen würden, mit dem Auto abzuholen und anschließend mit uns wegen meines Fußes ins Krankenhaus zu fahren. Geplant war eigentlich mit dem Bus zu fahren, aber es war halt anders gekommen.

Fast gleichzeitig trafen wir an der vereinbarten Stelle an. Erschrocken sah meine Schwiegermutter auf meinen Fuß, der mittlerweile alle Farben angenommen hatte und dick geschwollen war. Wir verabschiedeten uns von den Kollegen und stiegen ins Auto. Meine Schwiegermutter roch sofort den starken Knoblauch- und Alkoholduft.

Sie sagte aber nichts, denn das würde jetzt eh nichts ändern. Im Krankenhaus gingen wir direkt in die Notaufnahme und schilderten den Fall. Nach Knoblauch und Alkohol stinkend

wurde ich nach kurzer Wartezeit geröntgt.
Der Arzt, der sich die Bilder von meinem Fuß angeschaut hatte, sagte zu mir, dass da ein Riss im Band zu sehen sei, aber er nix machen könne, weil es noch zu frisch sei. Kühlen und ruhig lagern reiche aus.
Verdutzt ging ich nach der Aussage zu Michael und fuhr schmerzerfüllt und stinkend nach Hause.
Zu Hause kühlte ich erst mal mein Fußgelenk und rieb ihn danach mit einer schmerzstillenden Salbe ein.
Das war der Anfang einer Serie von Umknicken.

Meine Tante und ich wechselten uns förmlich ab mit dem Umknicken. Wenn ich sie besuchte und nur sagte: „Tanteeee Gerdaaaaa, ich… .", wusste sie sofort Bescheid. Und umgekehrt genauso. Das steigerte sich so, dass, wenn wir umknickten, auch sofort hingefallen sind.

Unter anderem auch als wir von einer Bethlehem-Jordanien-Reise zurückkamen. Aus Kostengründen flogen wir über Griechenland. Zwischenlandung in Athen. Super, denn wir hatten drei Stunden Aufenthalt. Mit ein paar anderen
unserer Reisegruppe, von meinen Eltern geplant, gingen wir in Athen stöbern. In einem Lokal aßen wir gemeinsam Tzatziki mit Baguette und einem Salat. Zum Abschluss gab es noch einen Ouzo aufs Haus.
Sehr schön und gemütlich war es dort. Doch der Flieger sollte nicht auf uns warten müssen, deshalb machten wir uns schnellen Schrittes auf den Rückweg.
An der Straße reihten sich Cafés und Boutiquen aneinander, Menschen aller Art schlenderten umher, es war einfach schön, dies zu sehen. Doch hinter mir ging mein Mann und machte Druck: „Beeilung, Beeilung, der Flieger geht gleich los!" Vorne ging mein Vater und rief: „Miriam, beeil dich, lauf mal etwas

schneller!" Ich gab mein Bestes. Dies war aber nur von kurzer Dauer, denn wieder einmal knickte ich um und fiel auf den Gehweg. Mit schmerzverzerrtem Gesicht stand ich auf und hoffte auf Mitleid und Trost. Doch alle machten nur noch mehr Stress! So musste ich zügig humpelnd zum Bus laufen, der schon wartete. Keiner nahm Rücksicht auf mich. Im Bus, der uns zum Flughafen transportierte, fragten dann alle nach meinem Befinden und bedauerten mich. Was mir in dem Moment auch nicht weiter half und mir völlig egal war, denn ich war bockig.

Endlich im Flugzeug sitzend kam ich zur Ruhe. Nach dem Start, kurze Abflugbahn, wurde das Flugzeug ziemlich laut, doch nach Sekunden hörte man nichts mehr.

Lautlosigkeit, kein Atmzug war mehr zu hören!
        "Freier Fall"

Direkt gegenüber von uns, mit dem Gesicht in unsere Richtung, saß eine Stewardess (Flugbegleiterin) und bekreuzigte sich. Mein

Mann neben mir, der dieses Bekreuzigen verfolgt hatte, wurde schneeweiß im Gesicht und jegliche Mimik verschwand daraus.
Kurze Zeit, Sekunden später konnte man wieder Motorengeräusche hören. Erst etwas lauter, dann aber wieder normal.
Ein Tumult im Flugzeug entstand, denn jeder spekulierte über die Ursache des Motorengeräuschs und den Abfall. In unsere Reisegruppe waren Motorsegler dabei, die erklärten es uns dann damit, dass entweder ein anderer Flieger in der gleichen Höhe war oder ein Vogelschwarm ins Turbinengehäuse geflogen war.
Mein Mann verweilte dann auch wieder unter den "Lebenden". Sehr erschüttert fragte er uns, was geschehen war. Er hatte schon das "Vaterunser" gebetet und mit dem Leben Abschied genommen. Er hielt ein kleineres Kissen für den Nacken in den Händen und drückte es nervös immer fester zusammen. Nach dieser dramatischen Zeit für ihn war

das Kissen kaum mehr als solches zu erkennen. Fast belustigt antwortete ich ihm, dass jetzt wieder alles okay sei und die Griechen sich doch auch bekreuzigen, wenn ihr Land im Fußball ein Tor schießt... Mein Gefühl nach dem Bekreuzigen der Stewardess war einfach ganz ruhig. Keine Angst oder sonstiges hatte ich verspürt. Ich fand es eher lustig zu sehen, wie Micha von jetzt auf gleich schneeweiß wurde, da man so was mal gehört hatte, aber gesehen hatte ich so etwas noch nie.
Lange haben wir alle noch darüber gesprochen, bis wir wieder sicher am Boden in Deutschland gelandet waren. Keiner klatschte für den Flug und die Landung, sondern jeder verließ den Flieger, so schnell er konnte.

-

Man kann in seinem Leben auch schon mal Dinge erleben, die einem den ganzen Tag vermiesen. So einen ziemlich schwarzen Tag hatte ich auch mal gehabt. Es fing ganz normal an. Naja, ich sag mal so, die Nacht kam meine Katze verletzt nach Hause. Sie hatte sich das Fell am Vorderbein irgendwie aufgerissen, so als wäre sie an einem Stacheldraht hängengeblieben. Ich versorgte sie notdürftig und fuhr den Nächsten Morgen mit ihr zum Tierarzt. Dazu muss ich vorab erst mal eine kurze Erklärung abgeben.. Der Tierarzt ist ca. 15 Km von uns entfernt, das heißt ganz klar, Auto fahren. Sanny, meine Katze, hasst es Auto zu fahren, in ihrer Box zu sitzen reicht schon aus. Nach etwa der Hälfte der Strecke befindet sich eine Parkbucht, die ich jedes Mal aufs Neue aufsuchen muss, da meine Katze in die Box geschissen hat. Also Aussteigen, Katze und Korb von dem Unrat befreien und weiter fahren. Nach einiger Zeit, hatte ich das schon mit eingeplant und war darauf vorbereitet! In der Praxis angekommen, nahm ich wieder den bekannten Duft meiner Katze wahr, denn auch da wieder „ Angstschiss"!!! Wenn wir aufgerufen wurden,

musste ich am Behandlungstisch erst mal wieder alles säubern. Jetzt weiß ich auch warum man „Angstschisser" sagt! Bzw. woher der Ausdruck kommt. Bei der Impfung sprang sie, obwohl zwei Helferinnen sie festpackten, mit Spritze im Nacken vom Tisch und wollte sich im Zimmer verstecken. Leicht beschämt schaute ich dem Treiben zu!
Nun aber zurück zu meinem Verletzten-Transport. Wie üblich der Kurz Stop am Parkplatz. In der Praxis die Katze abgeben zur Operation. Nach 3 Stunden könne ich sie wieder abholen sagte mir die Sprechstundenhelferin.
Guten Mutes fuhr ich wieder nach Hause. In der Wohnung hörte ich ein Nackenhaaraufstellendes Schreien, quietschen. Ich konnte das Geräusch erst gar nicht einordnen. Doch im Wohnzimmer sah ich das Malheur. Der Kater meiner Mutter hatte sich in einem gekippten Fenster eingeklemmt. Wild um sich schlagend, nach Haltsuchend,

hatte er Eingerahmte Fotos von der Wand geschlagen. Die Gardine halb abgerissen. Oh je!! Panik erfüllt versuchte ich ihn hoch zu drücken, was aber bei seinem Gestrampel alleine unmöglich war. Da meine Eltern in Urlaub waren, für die Situation ganz gut, rief ich meine Tante von gegen über um Hilfe! Sie drückte ihn von Außen, am Balkon stehend, und ich von Innen, ein Handtuch über ihn gestülpt zum Schutz vor seinen Krallen, nach oben aus dem gekippten Fenster! Puh, klatschnass geschwitzt konnte ich ihn dann runter auf den Boden setzen. Total durch den Wind lief er umher. Eigentlich hätte ich den Kater mit zum Tierarzt nehmen müssen, wo ich genau jetzt wieder hin musste um MEINE Katze abzuholen. Aber er rannte davon als ob nichts wäre. Nun gut, dachte ich mir, dann halt nicht. Mit dem Schlüssel fürs Auto in der Hand bedankte ich mich noch herzlich bei meiner Tante und fuhr leicht genervt und aufgewühlt zum Tierarzt.

Plötzlich merkte ich leichte Rauchbildung vorne rechts an meinem Auto. In Kurven sah ich immer so leichten Nebel an der Seite vorbeiziehen. Oh NEIN!!!! Verunsichert fuhr ich aber noch bis zur Praxis um meine Katze zu holen.

Nervös ging ich in die Praxis, Tränen unterdrückend, erzählte ich von dem Kater meiner Mutter in dem gekippten Fenster und dann sagte ich zu dem Tierarzt:" Sie sind zwar Arzt, aber auch ein Mann. Kennen sie sich Zufällig auch mit Autos aus????" Verwundert und leicht schmunzelnd sah er mich an. Daraufhin ging er mit mir Raus zu meinem Auto und sah in die geöffnete Motorhaube, aus dem leichter Qualm stieg. Mit zusammengekniffenen Augen und einem Skeptischen Blick, sagte er, dass sehr wahrscheinlich die Bremsleitung von einem Mader angeknabbert ist und ich auf gar keinen Fall mehr damit fahren könne!!! Bähm.....!!! Da stand ich nun!!!!

Wie soll ich denn jetzt mit Katze im Korb nach Hause kommen???? Der Tierarzt rief mir ein Taxi, von dem er wusste das es auch Tiere mitnimmt.

Manmanman...war ich fertig! Jetzt nur nicht noch anfangen zu heulen, sprach ich mir immer beruhigend zu!

Zu Hause angekommen, lies ich meine Katze direkt aus ihrer Box, sie war wach und schon am Miauen wie verrückt. Das brauchte ich jetzt für meine Nerven, die blank lagen, nicht auch noch. Ich erblickte meine Tante, die schon sehr erstaunt unsere Ankunft mit dem Taxi bemerkt hatte. Ich setzte mich auf die Treppe zu ihrem Wintergarten, und fing voll an zu Heulen!!! Sie versuchte mich zu beruhigen, doch ich war total aufgelöst und ein Nervliches Wrack!

Nach einiger Zeit und vielen Tränen beruhigte ich mich aber dann doch und erzählte ihr die Geschichte mit meinem Auto. Fast ungläubig schaute sie mich mitleidig an!! Nahm mich in

den Arm und sagte: „ Och Kind, das kann ich mir vorstellen, wie erschöpft du jetzt bist! Erst mit deiner Katze zum Tierarzt, in der Wartezeit den Kater aus dem Fenster befreien und zum Schluss noch Auto kaputt!!"
Aber so kann`s gehen. Zum Glück gehen auch solche Tage zu Ende.

-

Einig Jahre später, wir hatten mittlerweile schon eine Tochter,
fuhren wir, mein Mann, ich und unsere Kind, sie war zu der Zeit 4 Jahre alt, gemeinsam mit meiner Cousine Kerstin und ihrer Familie, ihr Mann Olaf und deren Kind von knapp 2 Jahren, in den Urlaub an die Ostsee.
Unser Lieblings-Reiseziel seit einigen Jahren. Da ich mir dachte und auch vorgenommen hatte, einiges mitzumachen, nahm ich meinen elektrischen Rollstuhl mit. Denn zu Fuß könnte

ich nicht überall dabei sein.

An einem sonnigen Tag planten wir eine Besichtigung des Leuchtturms im Nachbarort. Es waren ein paar Kilometer, die wir dorthin zu laufen hatten, aber da ich den Rollstuhl dabeihatte auch kein Problem. Voller Vorfreude machten wir uns auf den Weg.

An der Promenade entlang marschierten wir, die Männer voraus und meine Cousine den Kinderwagen schiebend und ich im Rollstuhl mit Kind nebenherlaufend hinterher.

Kerstin und ich unterhielten uns angeregt, zwischendurch sagte meine Cousine immer wieder mal:

„Wie gut und toll es doch ist, dass ich den Rollstuhl mitgenommen habe, denn sonst hätte ich diese Strecke bis zum Leuchtturm bestimmt nicht geschafft."

Da konnte ich ihr immer nur Recht geben. Mein Gedanke war ja, den Leuchtturm auch hoch zu gehen.

Unsere Ehemänner warteten schon vorm Leuchtturm auf uns.
Mein Mann deutete auf ein Schild, auf dem "Geschlossen" stand. Hm, enttäuscht und traurig blickten wir alle drein.
Bis auf einmal die Tür des Gebäudes aufging und zwei Männer vor uns standen. Erstaunt fragten sie uns nach unserem Vorhaben und ob wir denn das Schild nicht gelesen hätten, was davor angebracht sei.
Mein Mann Michael ergriff zuerst das Wort. „Schade", sagte er „das geht uns jetzt schon zwei Jahre so. Immer wenn wir uns vornehmen, auf den Leuchtturm zu gehen, ist der zu!"
Die Männer waren eigentlich nur zur Kontrolle da gewesen, aber sie erlaubten uns, bestimmt aus Mitleid, den Aufstieg.
Entsetzt blickten sie mich an, als ich aus dem Rollstuhl aufstand und ihn beiseite stellte. Da ich es mitbekommen hatte, erzählte ich ihnen von meiner Erkrankung, und dass ich nach

weitem Laufen den Leuchtturm nicht hätte hochgehen können.

Mit Fragezeichen in den Augen ließ ich die Herren stehen und ging in den Leuchtturm. Von ganz oben hatte man eine sehr schöne Aussicht.

Nach dem Ausblick gingen wir dann die Treppen langsam wieder hinunter und kamen alle etwas erschöpft unten an. Die Männer standen davor und verabschiedeten uns mit einem etwas unverständlichem Blick. War mir egal, denn ich fühlte mich ihnen gegenüber keiner Rechenschaft schuldig.

Auf dem Rückweg erzählte mir meine Cousine, wie stolz sie doch auf mich sei, und wie gut es sei den Rollstuhl dabei zu haben. Selber war ich natürlich auch sehr froh darüber und unsere Tochter erst, sie setzte sich direkt auf meinen Schoß und fuhr mit im Rollstuhl. Mehrmals wiederholte Kerstin: „Ne, was ist es doch gut, dass du den Rollstuhl dabeihast!" Unzählige Male sagte sie es. Etwa auf halber

Strecke der Promenade kam uns ein Fahrradfahrer entgegen. Eigentlich kein Problem, denn der Weg war breit genug, aber zur Sicherheit wollte ich ihm einfach noch mehr Platz machen. So fuhr ich mit meinem E-Rolli etwas nach rechts. Nur kurz zur bildlichen Vorstellung: Auf der linken Seite war der Strand und auf der rechten Seite von mir ging es eine Böschung mit kleinen Sträuchern und Erde hinunter.

Da ich dachte, noch etwas mehr Platz machen zu müssen, lenkte ich noch etwas nach rechts und daaaaaaannnnnnn…

… gab es kein Halten mehr für Mira auf meinem Schoß und mich. Ungebremst stürzten wir die Böschung hinunter. Durch eine Wurzel wurde der Rollstuhl abrupt gebremst und Mira wurde mit Schwung von meinem Schoß in einen Strauch katapultiert. Mit dem Rollstuhl auf meinem Rücken konnte ich mich vor Lachen kaum halten. Mira lag weinend vor mir in dem Gestrüpp, doch ich konnte mich selbst kaum unter dem Gewicht auf dem Rücken bewegen. Oben auf dem Weg stehend rief mein Mann mir erschrocken zu, „ Willst du unser Kind umbringen!!??". Daraufhin rief er das er runterkommt, um mir wieder auf den Weg zu helfen und um Mira zu retten. Mit Hilfe von Olaf, der den Rollstuhl von meinem Rücken nahm, konnte mein Mann Mira und mir helfen wieder auf die Promenade zu kommen.

Ein kleines Grüppchen hatte sich in der Nähe meiner Unfallstelle versammelt und beobachtete uns. Bestimmt waren einige von denen sehr verdutzt, dass ich als "Rollifahrerin" so darüber lachen konnte.
Mira hatte sich auch nicht wehgetan und erholte sich recht schnell wieder von dem Schrecken.
Als ich meiner Cousine ins Gesicht blickte, fingen wir beide von ganzem Herzen an zu lachen und fielen uns in die Arme. Der Fahrradfahrer war bestimmt erschrocken weitergefahren, als er sah, dass ich Hilfe bekam.
Den ganzen Tag mussten Kerstin und ich noch lachen. Besonders weil sie es so oft gelobt und gesagt hatte, wie gut es doch sei, dass ich den Rollstuhl mit dabeihatte. Der Gedanke blieb natürlich nicht aus, den Rolli "Mimis Spaßmobil" zu nennen.

Da ich ja leider die Diagnose Multiple Sklerose habe, fuhr ich auch Mal in eine MS-Klinik.
In einem Prospekt der Klinik, die mir mein Neurologe empfohlen hatte, sah ich, dass sie in der Nähe des Starnberger Sees lag. Daraufhin dachte ich mir, es ist bestimmt gut den Rollstuhl mitzunehmen.
Was sich dann auch bestätigt hatte. Mit Katrin, mittlerweile meine Freundin, fuhr ich nämlich oft an den See, was ich zu Fuß damals nicht geschafft hätte. Denn erst mal von der Klinik bis an den See waren es schon ein paar Meter, dann noch am See spazieren, wäre einfach zu viel gewesen.
So machten wir uns nach unseren Anwendungen in der Klinik auf den Weg zum See. Wohlgemerkt saß ich in meinem Rollstuhl und Katrin ging neben mir ohne Hilfsmittel.

Soweit so gut traten wir unseren "Ausflug" an. Es ging etwas steiler bergab bis zum See, aber nicht schlimm, denn ich fuhr ja mit meinem Rollstuhl gemütlich neben Katrin her. Unsere Gespräche waren immer gut und wir hatten gemeinsam jedes Mal Spaß, alle kannten uns nur lachend. Den Spitznamen "Hanni und Nanni" bekamen wir aufgedrückt. Wenn einer von uns alleine unterwegs in der Klinik war, wurden wir gefragt, wo denn unsere andere Hälfte wäre.

Zurück zur Fahrt oder zu dem Spaziergang an den See.

Unten am See angekommen fuhr ich noch etwas im Rollstuhl, aber nach einigen Metern wollte ich auch gerne laufen. So tauschten Katrin und ich mal das Gefährt. Die Passanten am See staunten nicht schlecht, als ich aus dem Rollstuhl stieg und Katrin darin Platz nahm. Wir hatten einfach nur unseren Spaß dabeigehabt. So gingen wir dann eine schöne Runde entlang am See. Das Wetter spielte auch mit, es waren viele Leute da, die picknickten oder spazieren gingen, kleinere Gruppen, die zum Beispiel Ball spielten, oder Eltern mit ihren Kindern, die am Wasser spielten.

Wir befanden uns schon auf dem Rückweg unserer Strecke und Katrin und ich hatten in der Zwischenzeit die Plätze wieder getauscht. Was natürlich wieder für Aufsehen sorgte. Auf dem Hinweg sahen wir schon ein paar Männer, die es sich gemütlich gemacht hatten. Neben ihnen lagen Surfbretter und das Material, was man dazu brauchte, einige gefüllte Körbe, die bestimmt mit Essen und Trinken bestückt waren, standen in der Nähe ihres Tisches, wo sie auch drei, vier Campingstühle hingestellt hatten. Da Katrin und ich gerne ein Foto mit uns beiden darauf haben wollten, steuerten wir die Gruppe zielstrebig an. Etwas erstaunt schauten sie uns an, aber nach der Bitte, ein Foto von uns zu machen, waren sie sehr freundlich und ließen sich noch kurz die Kamera von Katrin erklären. Einer von ihnen stellte sich vor uns, um zu fotografieren, doch ich stoppte das Vorhaben und sagte: „Moment bitte, ich möchte auf dem Bild nicht im Rollstuhl sitzen." Ich stand auf und stellte mich daneben. Den Männern fiel fast die Kinnlade runter, als sie dann auch noch Katrin sahen, die darin Platz nahm. Etwas verhalten machte einer von ihnen dann das gewünschte Foto von uns.

Wir gaben uns als Patientinnen der MS-Klinik zu erkennen und führten dann noch ein sehr angenehmes Gespräch mit ihnen. Sie boten uns sogar etwas zu trinken an und schenkten uns zum Schluss noch einen Luftballon. Wir bedankten uns und lachten innerlich über die Hilflosigkeit der Männer und die Geste mit dem Luftballon. Einfach nur witzig. Beladen mit den schönen Momenten am See machten wir uns auf den Weg zurück in die Klinik. Dort angekommen fuhr ich erst mal mit dem Rollstuhl in mein Zimmer, um ihn dort wieder

abzustellen und die Batterie aufzuladen. Nach kurzem Ausruhen und umziehen verließ ich mein Einzelzimmer wieder. Katrin und ich hatten uns in der Cafeteria zum Kaffee trinken verabredet. Ganz gelassen und ohne Hilfsmittel schlenderte ich in das Café vom Haus. Es war Sonntag und viele Patienten hatten Besuch, mit dem sie dort saßen und Kaffee und Kuchen genossen. Da ich vor Katrin angekommen war, setzte ich mich an einen Tisch, der genug Platz für Zwei bot. In Gedanken versunken sprach mich plötzlich ein älterer Herr von der Seite an und fragte mich: „Entschuldigen Sie, junge Frau, aber sind Sie nicht eben noch im Rollstuhl hier gewesen?" Lächelnd schaute ich ihn an und gab zur Antwort: „Ja, das stimmt. Ich bin runter an den See gefahren und um dort etwas laufen zu können, musste ich den Rollstuhl mitnehmen, um meine Kräfte zu sparen."
Der Herr war erfreut über die Aufklärung, die ich ihm gegeben hatte, und wünschte mir

nett zulächelnd noch einen schönen Tag.
Abends saßen wir meistens noch länger dort, spielten Karten, würfelten oder unterhielten uns. Eine lustige Truppe waren wir.
In der Nähe der Klinik war eine urige Wirtschaft, in der wir essen wollten, Katrin, Franz und ich.
Die Frage war nur: „Wie kommen wir da hin?" Mit einem geliehenen Rollstuhl der Klinik darf man das Gelände nicht verlassen, aber für Franz wäre der Weg nicht zu schaffen. Ich hatte ja meinen dabei. Nach kurzer Überlegung hatten wir eine Lösung! Der Zimmernachbar von Frank saß im Rollstuhl, wir liehen uns einen von der Klinik und tauschten dann die Rollstühle einfach aus. Das heißt, der Kollege hatte den Rollstuhl der Klink und Franz den Rollstuhl seines Bettnachbarn.
"Geht doch", war dann unser Denken.
Wir machten uns zu dritt auf den Weg zur Gaststätte. Katrin saß auf meinem Schoß im eFix und Franz hielt sich an den Griffen von

meinem Rollstuhl fest. Bestimmt ein Bild für die Götter. Jetzt konnte es losgehen. Katrin gab leicht Schwung nach vorne und Franz brauchte sich nur festhalten, um mitzukommen. Es klappte, bis auf ein paar kleinere Missgeschicke, ganz gut. Wir kamen gut voran, bis es anfing leicht bergab zu gehen. Franz konnte sich kaum mehr an den Griffen festhalten. Nach der nächsten Kurve kam er auf einmal an mir vorbei gerauscht, überholte mich und versuchte immer zu bremsen, denn wir befanden uns ja schließlich auf einer Straße. Franz hatte keine Handschuhe an, die ihm etwas Schutz an den Händen hätten bieten können. So raste er die Straße hinunter und wir folgten ihm. Immer in der Hoffnung, dass uns kein Auto entgegenkam. Katrin und ich verfolgten das "rasende Schauspiel" vor unseren Augen und waren einfach nur hilflos.

Zum Glück kam der Rollstuhl gefahrlos zum Stehen. Wir steuerten auf Franz zu, um uns nach seinem Befinden zu erkundigen. Seine Handinnenflächen glühten, aber sonst war ihm zum Glück nichts passiert. Wir alle brachen in schallendes Gelächter aus. Einfach zum Schießen war es. Als wir uns wieder etwas beruhigt hatten, betraten wir die Wirtschaft. Lange sprachen wir bei einem Gläschen Wein über die lustige Fahrt. Dann entschieden wir uns für den Aufbruch, um wieder zurück in die Klinik zu fahren. Unterwegs hatten wir Drei einen riesigen Spaß. Lachend fuhren wir in die Klinik ein. Als wir an unseren Tisch zurückkamen, war dort jedoch keine Stimmung mehr. Alle saßen mit langen Gesichtern und ernster Miene dort. Wir waren noch so voller Witz geladen, dass wir es kaum aushielten in dieser trüben Stimmung. Franz und ich tauschten kurz einen Blick aus, der hieß Flucht. So bettelten wir Katrin an, wieder mit uns in die Wirtschaft zu fahren. Nach längerem hin und her stimmte sie uns zu. So sattelten wir erneut "die Hühner" und verließen den Stall.

Die Tour war wieder sehr spaßig. Aber als wir erneut in der Gaststätte saßen, merkten wir, dass es nicht mehr so lustig war wie bei unserem ersten Auftritt. So fuhren wir, jetzt im Dunklen, wieder zurück.

Katrin, Nachtblind, brachte uns wieder lachend und heil zurück. Es waren noch dieselben gelangweilten Gesichter im Café, deswegen entschieden wir uns kurz entschlossen, aufs Zimmer zu gehen. Morgen war auch noch ein Tag.

Während der nächsten Aufenthalte in dieser Klinik war ich fast immer mit Katrin in einem Zimmer. Super, denn so wussten wir immer, wer der Bettnachbar war. Außerdem waren wir richtige Freundinnen geworden.

Uns kannte man nur im Doppelpack. Gemeinsam haben wir so viele lustige Dinge und Fettnäpfchen erlebt, dass, wenn uns einer sah, der uns kennt, direkt anfing zu lachen und nur sagte: „Ihr wieder." Tja, wir schauten uns nur an und zuckten mit der Schulter.

Katrin hatte starke Rückenschmerzen, die erstmal in der Krankengymnastik nicht zu beheben waren. Ich machte ihr den Vorschlag, sie mit einer "heißen Rolle" zu behandeln, die ich von meiner Krankengymnastik zuhause kannte. Da sie aber den Oberkörper dafür nackt machen musste, entschieden wir uns, erst abzuwarten, bis die Nachtschwester bei uns war und danach niemand mehr in userm

Zimmer zu erwarten war. Es verstrich sehr viel Zeit, ohne dass eine Schwester ins Zimmer kam.

Da wir beide noch recht "fit" sind, dachten wir, dass die Schwester sich den Gang in unser Zimmer bestimmt sparte. Somit entschlossen wir uns, mit der Behandlung anzufangen. Ich ließ warmes Wasser laufen, bis es sich richtig heiß anfühlte, und füllte etwas davon in meine Trinkflasche. Zuvor hatte ich ein Handtuch doppelt gefaltet und eng aufgerollt, bis es nur noch eine Rolle war. Das heiße Wasser ließ ich langsam in die Mitte der Rolle fließen, bis sie etwa halb gefüllt war. Mit einem Waschlappen in der Hand habe ich dann die Rolle mit dem Wasser ausgewrungen. Katrin saß mit dem Rücken zu mir auf einem Stuhl vor meinem Bett. Ihr Oberkörper war frei, damit ich sie am Rücken und dem Nackten mit der Rolle behandeln konnte. Breitbeinig hinter ihr sitzend fing ich an. ihren Nacken vorsichtig mit der heißen Rolle

zu massieren. Wohltuende Geräusche gab Katrin von sich. Plötzlich, aber ganz vorsichtig ging unsere Zimmertür auf und die Nachtschwester warf einen neidvollen Blick in unsere "Verwöhn"- Behandlung.
Ihr Kommentar war nur: „Ohhh, haben sie es gut, das würde mir auch ganz guttun!" Die Frage, wie es uns ging, erübrigte sich bei dem Anblick. Nachdem sie gegangen war, fingen Katrin und ich schallend an zu lachen. „Oh Gott, wie peinlich. Die wird denken, wir haben was miteinander!", war unsere lustige Vorstellung.
Doch niemand sprach uns mehr darauf an. Wir beide erzählten es natürlich all unseren Bekannten und lachten gemeinsam darüber. Als Antwort darauf kam nur: „Ihr wieder!"
-

Da wir immer zusammen in der "Anstalt" waren, erlebten wir sehr viel Lustiges.
Katrin kaufte sich während unseres

Aufenthaltes mal eine Herbstjacke mit Fleece Jacke gefüttert. Gemeinsam hatten wir sie gekauft, aber richtig angezogen hab ich sie erst in unserem Klinikzimmer gesehen. Da ich neugierig war und gerne mal die Fleece Jacke anprobieren wollte, Katrin und ich haben etwa die gleiche Kleidergröße, trennte Katrin die Fleece Jacke von der regendichten Jacke ab. Als sehr schön und angenehm empfand ich diese Jacke. So, nun wieder die richtige Jacke darüber, mit Druckknöpfen festmachen. Wir warteten im Zimmer auf die ausstehende Visite und dachten uns, wir haben ja noch Zeit bis der Arzt kommt.
Ich stellte mich vor Katrin hin, die auf ihrem Bett saß und somit genau die richtige Höhe hatte, um mir die Jacke samt Innenteil festzumachen. Leicht nach vorne gebeugt stand ich vor ihr.
Da ging plötzlich die Türe auf und der erwartete Arzt stand ziemlich verwirrt mitten im Zimmer. Verdutzt schaute er uns an

und sagte: „Entschuldigung, soll ich später noch mal wiederkommen?" Verlegen fügte er noch hinzu: „Aber irgendwie ist das doch auch ein klein wenig mein Arbeitsplatz!"
Schmunzelnd ging ich auf mein Bett zurück und zog dort die Jacke, die jetzt auch wieder komplett war, aus und überließ dem Arzt seinen Arbeitsplatz!!
Nach der Visite schauten Katrin und ich uns an und fingen mal wieder kreischend an zu lachen. "Oh je, jetzt denken die Ärzte endgültig, wir beide wären ein Paar und machen in unsere Akten einen roten Punkt!" Belustigt erzählten wir diese Geschichte einigen Mitpatienten und lachten köstlich darüber. Zur Antwort kam nur: „Ihr wieder!"

Mittlerweile benutzte ich einen Rollator, damit ich Sicherheit beim Laufen habe und mich immer und überall hinsetzen kann, wenn ich mich ausruhen möchte oder warten muss. So wie vor dem Fahrstuhl in der Klinik. Karin und ich kamen gerade von draußen rein und drückten auf den Knopf, um den Aufzug zu bestellen. Da es bestimmt dauern würde, dachte ich mir, mich einfach auf die Sitzfläche des Rollators zu setzen. Rückwärts davorstehend, die Griffe in den Händen, ging ich runter, um mich zu setzen, der Wagen rollte etwas nach hinten, ich in Bückstellung hinterher – und noch ein Stück und noch ein Stück und dann plums, saß ich am Boden. Lachend saß ich jetzt da und war glücklich, dass es keiner gesehen hatte. Aber gesagt hatte ich darauf: „Schade, jetzt hat es keiner gesehen und mir für den gelungenen Sturz applaudiert."

-

Zu einer anderen Zeit, in der wir mal wieder gemeinsamen in der besagten Klinik waren, planten wir mit einem Patienten, der mit Auto da war, außer Haus essen zu gehen. Da ich mich noch etwas frisch machen wollte und mir eine Jacke oben aus dem Zimmer holen wollte, verabredeten wir uns vor dem Fahrstuhl in der Sitzgruppe im Erdgeschoß in der Nähe der Pforte.

Fertig zum Ausgehen ging ich aus dem Zimmer Richtung Fahrstuhl, unterwegs sah ich noch den Pfleger der Station. Ich rief den Aufzug und wartete etwas. Als der da war, betrat ich ihn mit Rollator und wählte die Etage. Es tat sich nichts. Die Tür blieb die ganze Zeit offenstehen. Auch nach erneutem Drücken der Taste passierte nichts. „Was ist jetzt los?", dachte ich mir und ging ohne Rollator raus aus der Kabine, um den Pfleger zu fragen, ob er wisse, was mit dem Aufzug los sei. Kaum war ich draußen, schloss sich die Tür und der Fahrstuhl fuhr los. Erschrocken eilte ich jetzt zum Pfleger und berichtete ihm, was geschehen war. Fast belustigt sagte er mir, ich solle doch schnell durchs Treppenhaus gehen und schauen, ob der Fahrstuhl mit meinem Rollator unten im Erdgeschoss, wo ich ja hinwollte, angekommen sei. So ging ich, so schnell ich konnte, die Treppen hinunter. Erschöpft kam ich unten an und sah meinen Rollator ganz alleine im Fahrstuhl stehen.

Glücklich ging ich auf ihn zu und schob ihn aus dem Aufzug.
Die Dame an der Pforte betrachtete das Vorgehen verdutzt und verwirrt zugleich. Ich erzählte ihr, was passiert war und wie es dazu kam, dass mein Rollator alleine Fahrstuhl

gefahren war. Auch Katrin und unser Kollege blickten ziemlich verwirrt drein. Ich berichtete, was geschehen war, und wir haben uns schlapp gelacht!
Die Frau am Eingang lachte herzhaft mit. Klar, "ich wieder". Den nächsten Morgen wurde ich von einem Mitpatienten freundlich begrüßt, er sagte: „Guten Morgen Mimi, guten Morgen Paulchen." Denn der Vorfall mit mir und dem Fahrstuhl sprach sich recht schnell rum. Aber egal, ab jetzt heißt mein Gehwagen "Paulchen".

Ein anderes Malheur mit mir und dem Fahrstuhl bleibt auch unvergessen.

Es war mal wieder soweit das Katrin und ich in der Klinik waren. Auch ein anderer Patient, Adrian, war fast immer zur gleichen Zeit wie wir dort. So waren wir nach einigen Jahren das Trio dort. Wir nannten uns auch gerne "Die dreisten Drei". Adrian, Katrin und ich.

Adrian sitzt im Rollstuhl und dient somit Katrin als "Lebend-Gehhilfe". Oft fuhren wir zusammen herum.

Eines Abends saß ich mit ein paar anderen Patienten, wir waren zu sechst, im Untergeschoss in einer gemütlichen Ecke zusammen und wir führten gute und auch sehr lustige Gespräche. Unglaublich viel gelacht hatten wir den Abend und dabei total die Zeit vergessen. „Hui, schon nach Mitternacht! Wir sollten besser mal ins Bett gehen", sagte einer. Aber wir waren insgesamt 4 Rollstuhlfahrer und zwei Rollatoren-Fahrer, somit konnten wir nicht zusammen in den einen Fahrstuhl. Kein Ding, Gregor und Alex, zwei Rollis, fuhren zuerst. Anschließend, als der Fahrstuhl wieder da war, stiegen wir vier in den Fahrstuhl. Hinten saßen Helge und Natalie mit Rollstuhl, davor Annegret und ich mit Rollator. Vor Helge stehend drückte ich auf die Eins, da Natalie und ich in diese Etage mussten. Ein kurzer Blick zu Helge und mir

fiel ein, dass ich ja auch noch auf die Zwei drücken musste. Als ich auf die Zwei drückte, erschien plötzlich ein XXX in der Anzeige und der Fahrstuhl hielt im Erdgeschoss, die Tür ging auf und fertig!!
Wir blickten uns alle erstaunt an. Ich blickte auf meinen gehobenen Zeigefinger, mit dem ich die Taste Zwei gedrückt hatte, und sagte: „Hä, ich hab doch nur auf die Zwei gedrückt!!!???" Selbst völlig erstaunt schaute ich die anderen an. Unsere Blicke strahlten alle nur Hilflosigkeit und Ahnungslosigkeit aus. Wir stiegen aus dem Fahrstuhl und Helge sagte, er schaue mal bei den anderen Fahrstühlen nach, ob einer von denen ging. Ganz leise vernahmen wir einen "Piep-Ton", der sich anhörte wie ein Alarm. Sprachlos starrten wir uns an und wussten mit der Situation nichts anzufangen.
Auf einmal hörten wir das Martinshorn eines Feuerwehrlöschzuges, zwei weiter Wagen folgten, mehrere Krankenwagenwagen und

Polizei Autos kamen vorgefahren. Da die Klinik von außen verschlossen ist, musste erst einmal jemand vom Haus kommen, um die Eingangstüre aufzuschließen. Wir vier schauten uns von innen das Geschehen gespannt an. Wie in einem Glashaus sitzend!! Mit Gasmasken und Sicherheitsanzügen bekleidet kam dann eine große Gruppe der Mannschaft reingestürmt. Keiner beachtete uns, so als wären wir gar nicht da.
Mehrmals wiederholte ich, das ich doch nur die "Taste Zwei" im Fahrstuhl gedrückt hatte. Und mir war einfach nicht bewusst, was ich dabei ausgelöst hatte. Es war doch nichts, ich hab doch nichts angestellt, waren meine Gedanken, die mir unaufhörlich im Kopf rumschwirrten. Plötzlich kam die Nachtschwester unserer Station und sagte wütend zu uns, wir sollen alle auf unsere Station gehen, schließlich sei es mittlerweile fast ein Uhr.
„Witzig! Wie denn, wenn kein Fahrstuhl

geht?? Mit Rollstuhl ganz locker hoch fahren oder wie?", war unsere Antwort darauf. Etwas erbost drehte die Schwester sich um. Kopfschüttelnd schauten wir vier uns an. Schweigsam saßen wir unten im Wartebereich der Pforte und warteten, dass der Fahrstuhl wieder funktionstüchtig war. Nach der ganzen Aufregung konnten wir endlich auf unsere Zimmer fahren und den Schlaf begrüßen. Doch in meinem Zimmer empfing mich Katrin direkt mit der Aussage: „Warum hast du mich nicht geweckt, Feueralarm, du hättest mich elendig verbrennen lassen!" Mit einem Lächeln im Gesicht schliefen wir nach kurzer Erläuterung und Schilderung des Alarms ein.

Den nächsten Morgen begrüßten mich einige mit den Worten: „Ich hab doch nur die Zwei gedrückt!" Na, es spricht sich halt immer schnell rum, wenn was passiert im Haus.

Es stellte sich nach ein paar Nachforschungen heraus, dass ein Vernebelungsgerät in einem Patientenzimmer alles ausgelöst hatte. Das

Gerät lief den ganzen Abend durch und vernebelte unaufhörlich das Zimmer. Als die Nachtschwester die Tür aufmachte und ich genau in diesem Moment im Fahrstuhl die Zwei drückte, kam ihr ein Nebelschwall entgegen. Der Feuermelder vor dieser Tür, schlug sofort Alarm. Zufälle gibt's im Leben. Und natürlich: „Ich wieder!"
Katrin sagte zu mir noch: „Siehste, wärst du mal schön lieb und brav mit mir aufs Zimmer gegangen und hättest dich früh ins Bett gelegt, dann wäre alles gut gewesen!"

Wer mich kennt, weiß, was für ein ausdrucksstarkes Gesicht und Mimik ich habe und wie gut ich damit lustige Gesichter beim Erzählen mache und somit das Erzählte gut und witzig untermalen kann.

Denn auch ohne Worte, nur mit Blicken verzaubere ich manche Menschen und locke ihnen damit ein Lächeln ins Gesicht.
Beim abendlichen Spielen in der Klinik zum Beispiel. Triominos spielten wir beispielsweise mit etwa fünf Personen. Jeder hatte vor sich seine sieben dreieckigen Steine auf einem Spielbrett, verdeckt für die weiteren Mitspieler, stehen. Wer den höchsten Trio Stein hatte, fing an. Im Uhrzeigersinn konnte dann der Reihe nach angelegt oder ein neuer

Stein gezogen werden. Alle drei Ecken mussten mit den Steinen auf dem Spielfeld übereinstimmen, um anlegen zu können. Wer zuerst keine Steine mehr besaß, hatte gewonnen! Meistens war ich natürlich der Gewinner. Durch Zufall oder Glück. Einmal allerdings mogelte ich, aber keiner hatte es bemerkt. An einer Ecke hatte mein Spielstein nicht die passende Zahl gehabt, aber mit Selbstsicherheit und Überzeugung legte ich diesen Stein an. Das Spiel ging normal weiter. Wie es kommen sollte, hatte ich mal wieder gewonnen und schaute dem weiteren Spielverlauf entspannt zu. Im Blickwinkel schaute ich immer wieder mal auf meinen Mogelstein. Es dauerte etwas, bis plötzlich ein Mitspieler verdutzt fragte, was das denn sei? Und auf den besagten Stein zeigte. Mir nichts anmerken lassend schaute ich auch erstaunt auf diesen Stein. Die Augen weit aufgerissen und den Mundwinkel runterziehend zuckte ich mit den Schultern. Fragend schauten wir uns

alle in der Runde um.
Mit einer hochgezogenen Augenbraue und einem verschmitzten Lächeln gab ich mich als "Mogler" zu erkennen.
Lachend und zugleich erstaunt schauten mich die Mitspieler an und fragten: „Wie und wann hast du denn diesen Stein abgelegt?" Meine Antwort darauf war nur: „Ach, mitten im Spiel irgendwann." Kopfschüttelnd, aber lachend spielten wir ein neues Spiel.
Und wieder mal sagten alle: „Du wieder!"

Im Frühjahr waren Katrin und ich wegen einer Cortison Behandlung erneut in der MS Klinik. Wie immer machten wir uns zusammen, trotz MS und Cortison, eine schöne, angenehme Zeit dort. Wenn wir zusammen im Zimmer sind, unterhalten wir uns über unsere Familien, über den Alltag zu Hause oder einfach über Gott und die Welt. Schauen gemeinsam fern, lachen über uns und unsere kleinen Missgeschicke. Nach einiger Zeit der Ruhe wollte ich wieder runter ins Erdgeschoss, um mal an den PC, extra für uns Patienten, zu gehen. Dann schaute ich ihr mitten im Zimmer stehend, leicht zu Katrin gedreht ins Gesicht und frage sie mit verschmitzter, kindlicher und fast singender Stimme: „Kommste mit!!????" Entzückt und lachend schaute sie mich zustimmend an. Gemeinsam verließen wir unser Reich und fuhren ins Erdgeschoss. Zu dieser Zeit hatte ich noch geraucht, darum gingen wir erst mal raus, in den extra für Raucher gekennzeichneten Bereich, wir nannten ihn "Bushaltestelle". Dort traf man immer ein paar Patienten an und kam auch mit ihnen ins Gespräch. Einer von ihnen war Walter, er sitzt im Rollstuhl und lacht genauso gerne wie Katrin und ich. Wir unterhielten uns über eine Frau, die uns aufgefallen war, da sie keine Patientin der Klinik war, aber wir sie immer unten im Empfangsbereich gesehen hatten.

Oft ging sie in die Cafeteria und dort auf Toilette. Fragend blickten wir uns an. Nach der Zigarette gingen wir gemeinsam wieder rein. Und wie vorhergesehen sahen wir gerade noch die Frau von draußen reinkommend mit einem Eimer in der Hand im Toilettenbereich verschwinden. Verblüfft blickten wir uns an. Die Frau kam kurze Zeit später an uns mit dem gefüllten Eimer Wasser vorbei und verließ die Klinik durch den Ausgang. Mit einem nichts verstehenden Blick, schauten wir drei drein. Da kam diese Frau erneut mit Eimer bewaffnet und ging zielstrebig in den Toilettenbereich. Doch sie hatte nicht mit Katrin, Walter und mir gerechnet! Katrin und ich gingen ihr hinterher und beobachteten sie beim Befüllen ihres Wassereimers. Gewieft tauschten wir zwei einen Blick aus und betätigten den Alarmknopf. So schnell wir konnten, liefen wir raus, schnappten uns Walter im Rollstuhl und gingen in den Raucherbereich. Setzten uns gemütlich hin und ließen uns nichts anmerken. Ein Mitpatient kam auf uns zu und fragte: „Was ist denn gerade drinnen passiert? Der Alarm ist ausgelöst worden!" Achselzuckend stellten wir uns als unwissend hin, doch innerlich hätte ich mich vor Lachen kringeln können. Als dieser Mann weg war, fingen wir drei herzhaft an zu lachen.

Die besagte Frau gehörte zu dem Wohnmobil, das auf dem Klinikparkplatz bestimmt unerlaubt parkt. Wir fühlten uns im Recht darüber, dass wir Alarm geschlagen hatten, denn man konnte doch nicht einfach unerlaubt in die Klinik gehen und sich dort großzügig an dem Wasser bedienen.

Jedoch erzählten wir keinem davon, dass wir den Alarm ausgelöst hatten, sondern blickten uns nur wohlwissend zwinkern an.

-

Erneut befand ich mich in der Klinik, zusammen mit Katrin natürlich. Unser

Aufenthalt war diesmal ziemlich ruhig und unauffällig. Es war Herbst, aber ein sehr schöner und warmer, also hatte ich fast nur T-Shirts an. Da ich mir überlegt hatte, noch ein neues Shirt zu kaufen, fuhren wir in die Stadt. Mit diesem Vorhaben gingen wir in Geschäfte hinein, doch fündig wurden wir nirgendwo. Überall war schon auf den bevorstehenden Winter umgestellt. Außerdem war mir alles zu teuer. Dann sahen wir auf einem Hinweisschild einen "Outlet Store". Mit dem Gedanken, dort günstig eventuell noch ein T-Shirt zu ergattern, liefen wir zielstrebig darauf zu. Ein roter Teppich führte in das Geschäft. Was mich natürlich zu der Aussage brachte: „Hui, über den "Roten Teppich" wollt ich schon immer mal gehen." Ich näherte mich dem Eingang, als plötzlich ein Alarmsignal anfing zu klingeln. Erschrocken schaute ich mich um, ob irgendwo vielleicht die versteckte Kamera zu sehen war, denn die Situation kam mir irgendwie nicht real vor. Vor dem Eingang stand ich nun mit "Paulchen" (meinem Rollator), bis eine etwas ältere Dame den Alarm ausschaltete und zu mir sagte: „Entschuldigung, ich dachte, der wäre ausgeschaltet. Er ist normal nur an, wenn sich kein Verkäufer in dem Laden befindet." „Aha", dachte ich mir nur und betrat das Geschäft. Doch auch hier wurden Katrin und ich nicht fündig. Es gab zwar einige Oberteile, die reduziert waren so von 160,- € auf 139,- €, aber nichts in unserer Preisklasse. So fuhren wir wieder mit ein paar Süßigkeiten, die wir in einem Lebensmittelgeschäft zum Trost gekauft hatten, in die Klinik zurück. Feststellend, dass es in dieser Stadt keine schwarzen Socken und auch keine einfachen T-Shirts zu kaufen gibt.

Abends leuchtete plötzlich vor unserem Fenster Blaulicht auf und wir hörten das Martinshorn der näher kommenden Feuerwehr. Verwirrt schauten wir aus dem Fenster und bemerkten, dass alle sehr ruhig und gelassen waren. Einige Kinder der freiwilligen Feuerwehr standen auch dabei. Erleichtert nahmen wir es als einen "Probealarm" wahr. Da wir einen guten Blick aus dem Fenster auf die Löschzüge hatten, machten wir natürlich Fotos. Michael schickte ich sie wortlos per Handy zu und bekam als Antwort zurück: „Was hast Du jetzt wieder angestellt!?" Ich ließ mir eine lustige Geschichte einfallen, schickte sie ihm und verließ belustigt mein Zimmer, um runter in die Cafeteria zum Spielen zu fahren. Aber logischerweise waren die Fahrstühle außer Betrieb. Erst denken, dann handeln, fiel mir dazu nur ein und ging zurück aufs Zimmer. Es gibt Momente und Situationen, die ich einfach nur witzig finde und in denen mir fast immer ein blöder Spruch über die Lippen kommt. Meistens umgehe ich: „Erst denken, dann reden." So fallen mir oft Kommentare einfach ohne zu überlegen aus dem Gesicht. Aber so bin ich halt! Einfach nur: „Ich wieder!"

Wenn ich nach Hause komme, heißt es nur: „Und, was haste diesmal wieder angestellt?" Auch in der Klinik werde ich immer danach gefragt. Komisch, oder!!?

-

Doch auch in Freizeitparks treibe ich mein Unheil.

Es war Sommer und ziemlich heiß an dem Tag, den wir mit ein paar Nachbarn und Freunden festgemacht hatten, um in einen großen, nicht weit von uns entfernt liegenden Freizeitpark zu gehen. Mit Trinken und kleinen Snacks gewappnet ging es los. Am Eingang machten wir eine Uhrzeit aus, wann wir den Park wieder verlassen wollten. Doch die meiste Zeit blieben wir eh zusammen. Es war sehr viel Betrieb dort, Ferien und top Wetter. Trotzdem stellten wir uns bei vielen

Fahrgeschäften in der Schlange an. Da wir in der Gruppe waren, machten wir es uns während des Wartens immer angenehm mit Gesprächen oder Witzen. Wir kamen an ein Gefährt, wo die meisten draufgehen wollten und ich mich aber vor etwas Angst etwas scheute und zurückzog. Doch alle redeten überzeugend und bittend auf mich ein. Nach längerem Quengeln ließ ich mich überzeugen und stellte mich mit in die Schlange. Eine von unseren Bekannten hatte auch etwas Angst und wir gingen immer nebeneinander her und sprachen uns Mut zu. Dann war es soweit und wir betraten das Fahrgeschäft, das über Kopf geht und sich ziemlich schnell in sich dreht. Ängstlich nahm ich Platz und machte den Sicherheitsbügel runter und fest. Neben mir saß unser Nachbar und sagte mir erneut, dass es echt nicht schlimm sei und alles total sicher sei. Doch sehr beruhigt hatte mich die Aussage nicht. Leises Raunen ging durch die Runde, denn zwei Bügel schlossen sich nicht!

Nervös blickte ich mich um und sah die Hektik, die sich breit machte in diesem Moment. Arbeiter für dieses Fahrgeschäft schauten sich das an und verstellten etwas. Für diese Zeit mussten alle Insassen zurück in den Wartebereich gehen. Zu meinem Nachbarn sagte ich ironisch und ihn wiederholend: „Ja, ja, total sicher. Es kann gar nichts passieren!" Er zuckte nur leicht mit der Augenbraue. Dann konnten wir wieder auf die Sitze gehen. Ich suchte mir einen Platz aus, der mir sicher schien und wo auch beim ersten Mal der Sicherheitsbügel schloss. Doch auch diesmal waren wieder ein paar dabei, die defekt waren. Minuten später ertönte eine Durchsage, dass dieses Fahrgeschäft vorüber geschlossen bleibt! „Ha, super und schön für mich!" Die Bekannte und ich klatschten uns in die Hand und lachten. Zur Entschädigung bekamen wir noch einen Gutschein für ein Fahrgeschäft unserer Wahl, das wir direkt, ohne Anstellen, betreten konnten. „Geht

doch", war mein Kommentar dazu.
Glücklich und erleichtert gingen wir auf ein anderes Fahrgeschäft, "Freier Fall".
Super schön war der ganze Tag verlaufen, so fuhren wir alle etwas erschöpft, aber gut gelaunt wieder nach Hause.

Ein anderes Mal, als wir im Urlaub an der Ostsee waren, besuchten wir mit den damaligen Freunden dort auch einen Freizeitpark. Eigentlich jedes Jahr, wenn wir gemeinsam dort sind, fahren wir einmal in den Park.
Mit Rollstuhl war ich meistens da, denn es ist doch einiges zu laufen. Um auch der Tochter unserer Bekannten die Angst vor Hilfsmitteln zu nehmen, mach ich im Rollstuhl immer Unsinn mit den Mädels auf meinem Schoß.
Drehe mich darin oder fahre schnell an, um dann wieder abrupt zum Stehen zu kommen.
Die vorbeigehenden Passanten finden das auch

meistens ziemlich witzig, was ich an ihrem Lächeln erkenne. Auch mit Rollator mach ich Spaß. Wenn mich zum Beispiel jemand ruft, bremse ich ab, geh mit dem Oberkörper nach vorne und hebe ein Bein rechtwinklig an, so als ob ich eine Vollbremsung mit erhöhter Geschwindigkeit mache! Zu Kindern, die oft neugierig schauen, sag ich auf meinen Rollator zeigend: „Das ist mein "Gehfrei!".
Mira und ich lieben es auf das Kettenkarussell zu gehen. Es ist eins der Höchsten in Deutschland. Mit 60 Metern Höhe und dem Blick von ganz oben auf die Ostsee, einmalig. Sehr mutig stellten wir uns an. Als wir an der Reihe waren, setzten wir uns auf die Plätze und befestigten den Bügel vor uns. Nach mehrmaligen Versuchen den Bügel zu schließen, rief ich den Sicherheitsmann zu mir, erklärte ihm mein Anliegen und ging dann mit Mira auf einen anderen Platz. Dann ging es los. Langsam fuhren wir immer höher und drehten uns dabei nach außen. Sehr schön,

aber auch kalt war es da oben. Mira klemmte sich verängstigt an mich dran. Beschützend legte ich meinen Arm um sie und sagte ihr, dass sie keine Angst haben muss. „Schau mal, die Schiffe auf dem Meer, oder unter uns den Papa, dem kannst du mal zuwinken." Michael schaute uns in der Nähe stehend zu. Nicht fassen könnend, dass Mira und ich so was überhaupt machten, da er vor Höhenangst darauf bestimmt sterben würde. Langsam ging das Karussell wieder nach unten. Dort angekommen, verließen wir überglücklich das Gefährt und schlossen uns den Anderen wieder an.

Das nächste Jahr, als wir wieder in diesem Park waren, gingen Mira und ich erneut auf das Kettenkarussell. Das Wetter war zwar nicht besonders gut, aber Hauptsache trocken sagten wir uns. Nach kurzer Wartezeit ging die Fahrt mit uns an Bord wieder los. Drei Plätze vor uns saß eine Frau, die ziemlich ängstlich war. Meine innere Frage war:

„Warum fährt sie dann überhaupt mit?" Wir saßen darin in so einer Art Schaukel. Die sich natürlich frei bewegten während der Fahrt. Es war sehr windig an diesem Tag, was das alles noch erschwerte. Wir fuhren etwa bis zur Hälfte der Höhe, drehten uns dort ein paar Mal bis das Gerät in dieser Höhe zum Stillstand kam. „Ziemlich merkwürdig", dachte ich mir. Nun gut, es war halt doch sehr windig. Plötzlich ging es wieder ein Stück bergab, wir drehten uns wieder und fuhren dann wieder hoch. Aber nicht bis zur endgültigen Höhe. „Da stimmt doch was nicht!?", dachte ich vor mich hin, Mira nichts von meiner Beunruhigung anmerken lassend. Sie schaute nicht mehr sehr glücklich aus, als sie mich anblickte, aber wie immer in "Gefahrensituationen" werde ich albern und verspaße die Situation. Von oben betrachtet sah Michael auch etwas verängstig aus. Auch in dieser Position drehten wir uns. Alle Insassen waren etwas verstört wegen dem nicht normalen Vorgang auf diesem

Karussell. Es ging wieder runter, etwas drehend, aber als wir fast am Boden waren, gingen die Schaukeln wieder etwas hoch und blieben dann in dieser Position stehen. Bei der kleinsten Bewegung der Schaukeln hörten wir die Frau vor uns vor Angst schreien. Leider hielt es ein paar Minuten so an. Etwas runter, dann wieder etwas hoch. Wir hörten zwischendurch immer wieder diese ängstlichen Schreie der Dame vor uns, sonst nichts. Dann fuhren wir endlich ganz nach unten, doch die Sicherheitsbügel gingen nicht von alleine wieder auf. Erst als der Wärter zu uns kam und aufschloss, konnten wir das Karussell verlassen. Beruhigt nahm Michael uns in den Arm, denn er hatte ernsthaft Angst um uns gehabt. Doch ich nahm das mal wieder albern zur Kenntnis und sagte: „Auch das Gerät hab ich kaputt gekriegt!"

Es gibt so vieles in meinem Leben, wo ich denke, das kann doch nicht sein, dass dies alles nur MIR passiert. Das kann doch eigentlich nicht möglich sein. Doch immer wieder gibt es neue Sachen, die scheinbar nur mir passieren. Die Aussage " Wenn nicht dir, wem dann!" bekomme ich immer wieder zu hören.

Zum Abschluss haben wir noch einen Crepe gegessen. Der fast mein letzter sein sollte! Denn der war so dünn und am Rand trocken, das mir ein kleines Stück beim Essen in die Luftröhre geraten ist! Ich saß auf der Bank und musste sehr verzweifelnd und panisch geschaut haben, denn Michael fragte mich ob alles gut sei!? Kopfschüttelnd deutete ich das nix gut war. Er fragte mich ob ich Luft bekomme, auch darauf Schüttelte ich verneinend meinen Kopf. Erschrocken stürzte er auf mich zu und war bereit mich auf den Kopf zu stellen! Doch genau in diesem Moment bekam ich wieder ein klein wenig Luft und zeigte ihm mit einer Abwehrhaltung das es nicht nötig ist mich umzudrehen. Innerlich musste ich auch aufpassen nicht in Panik zu geraten! Es dauerte aber noch einige Zeit bis ich wieder richtig Luft bekam und auch wieder normal reden konnte!!!

-

Seit 1998 bin ich berentet. Natürlich nur auf Zeit, denn schließlich bin ich ja erst 23 Jahre alt. Ich habe zwar genauso MS wie Ältere auch, aber so ist es halt. Berentet wurde ich auch nur für elf Monate, als ob sich in dieser Zeit etwas ändern würde. Okay, drei Monate vor Ablauf musste ich die Rente mit einem Verlängerungsantrag verlängern lassen. Mittlerweile war ich Mitglied in einem Sozialrechtschutz, der auf Anfrage meinen Schriftkram erledigte.
Gesagt, getan. Die Rente wurde mir diesmal für eineinhalb Jahre gewährleistet. „Nett!", dachte ich mir etwas ironisch. Die Zeit verging und ich musste wieder dran denken, die Frist einzuhalten, um den nächsten Verlängerungsantrag zu stellen. Etwas

überpünktlich ging ich zu dem Rechtschutz, um meine Rente erneut zu verlängern. Doch ich hörte und hörte nichts von meinem Rententräger, kein Bescheid oder Sonstiges kam ins Haus geflattert. Der Stichtag rückte näher und der Rentenschluss war da. Doch ich hatte immer noch nichts in den Händen. Nur anhand von Kontoauszügen konnte ich feststellen, dass ich die Rente weiterhin bezog. Nach zwei Monaten wurde es mir allerdings zu blöd und ich rief in Berlin bei meinem zuständigen Rententräger an. Eine Frau nahm das Gespräch entgegen und nach kurzem Schildern meines Anliegens bekam ich von ihr zur Antwort: „Oh, dann sind Sie wohl im Archiv gelandet. Einen Moment bitte." Verwirrt wartete ich an dem anderen Ende der Leitung auf eine Rückmeldung der Dame. "Please hold the line", ertönte es aus meinem Hörer. Nach einigen Minuten nahm die Frau das Gespräch wieder entgegen und sagte mir, ich wäre hier falsch verbunden, ich müsse in

Stralsund anrufen. Ohne merklich Luft zu holen gab sie mir die Telefonnummer durch und verabschiedete sich. Den Telefonhörer noch in der Hand blickte ich leicht verwirrt vor mich auf den Tisch. Tiefdurchatmen und weiter ging es. Die mir durchgegebene Telefonnummer wählte ich und wartete nach mehrmaligem Klingeln auf eine Antwort. Erneut meldete sich eine freundliche Frauenstimme an dem anderen Ende. Nach dem Erklären meines Anliegens schaute sie im PC nach, was denn da wohl passiert sei. Die Dame sagte mir nach längerem Warten, dass sie sich darum kümmern werde und ich in den nächsten Tagen den ersehnten Bescheid hätte.

Nicht viel schlauer geworden, beendete ich das Gespräch. Tatsächlich bekam ich drei Wochen später den Bescheid. Rente für zwei Jahre diesmal. Gut, denn es sind ja schon drei Monate mit Warten verstrichen.

So, drei Monate vor Ende der Frist erneut

einen Verlängerungsantrag stellen. Der Dritte wäre es dann, das hieß JA oder NEIN zur Rente.

Gespannt wartete ich mal wieder auf den Bescheid. Pünktlich erhielt ich diesen diesmal. Augenrollend las ich, dass die Rente wieder nur auf Zeit war. Für eineinhalb Jahre. Ziemlich veräppelt kam ich mir vor, denn ich war von einer unbefristeten Rente ausgegangen. Verärgert und etwas erbost rief ich den Rententräger an. Mit besserwisserischer Stimme sagte ich, dass meine Rente das vierte Mal verlängert wurde, obwohl ich doch einen unbefristeten Bescheid hätte bekommen müssen!

„Nein, das stimmt so nicht.", sagte die Stimme am anderen Ende und fügte hinzu das könne ab jetzt noch neun Mal mit mir gemacht werden. Ich solle doch bitte mal bedenken, wie jung ich noch sei. „Stellen Sie sich mal vor, wir würden Sie unbefristet in Rente schicken, und morgen käme das Medikament, welches Sie

heilen würde, auf den Markt!", waren ihre Schlussworte. Baff, sprachlos und etwas verärgert beendete ich das Gespräch. Mit Fragezeichen in den Augen legte ich den Hörer auf.
Ein Bekannter von mir, selbst an MS erkrankt, sagte mir mal: „Pass auf, wenn du die 3 vorne im Alter stehen hast, bekommst du die Rente auch unbefristet!"
Genauso war es dann auch.

-

Den Parkausweis, den man bekommt, wenn im Schwerbehindertenausweis das Merkzeichen aG steht, hab ich nach längerem Kampf auch bekommen. Auf viel Unverständnis stößt man leider damit. Da ich am Rollator noch etwas gehen kann, werde ich schon mal ziemlich blöd angeschaut. Eine Frau fragte mich einmal ziemlich schnippisch: „Na, das ist wohl der neueste Rollstuhl oder was!? Es ist eine teure

Angelegenheit, einfach auf dem Behinderten-Parkplatz zu parken."
Nicht wirklich begreifend, was die Dame von mir wollte, näherte ich mich ihrem Fahrzeug und sagte zu ihr: „Das geht Sie doch gar nichts an, außerdem bin ich Ihnen NULL Rechenschaft schuldig." Drehte mich um und ging weiter. Der Bekannte, der auch an MS erkrankt ist, schaute mich bewundernd an und sagte nur: „Wie selbstbewusst und schlagfertig du bist, echt Klasse!"
Gemeinsam gingen wir zu einem Restaurant, in dem ein Freund von uns schon wartete. Harry, im Rollstuhl sitzend. Sein Auto hatte ich schon gesehen und direkt daneben, auch Behinderten-Parkplatz, geparkt.
Nachdem wir Döner in unserem mittlerweile Stammimbiss gegessen hatten, gingen wir. Wohl gemerkt: ein Rollstuhlfahrer, eine Rollatorfahrerin und ein Fußgänger. Alle MS. In dem naheliegenden Einkaufscenter gab es natürlich auch einen Fahrstuhl, aber genauso

auch ein Rollband, was in die nächste Etage führte. Ich fragte Harry, ob er schon mal mit Rollstuhl da hoch gefahren sei. Denn ich fahre mit Rollator immer über das Rollband. Er hatte es noch nie probiert und meinte, aber jetzt könne er es ja mal testen. Okay, zuerst der Rollstuhl, dann Toto ohne Hilfsmittel dahinter, um den Rollstuhl eventuell festzupacken, danach ich. Ich stand sicher hinter meinem Rollator, ohne die Bremsen festgestellt zu haben, sondern nur so festhaltend. Unverhofft drehte Toto sich zu mir um und fragte, ob ich seinen Rucksack gerade mal halten könnte, und reichte ihn mir schon nach hinten. Überfordert in dem Moment nahm ich den Rucksack und ließ die Bremse von meinem Rollator los. Dieser machte sich daraufhin selbstständig, drehte sich in Fahrtrichtung um und raste das Rollband ungebremst hinunter.
Huuuuiiiiiiiii.

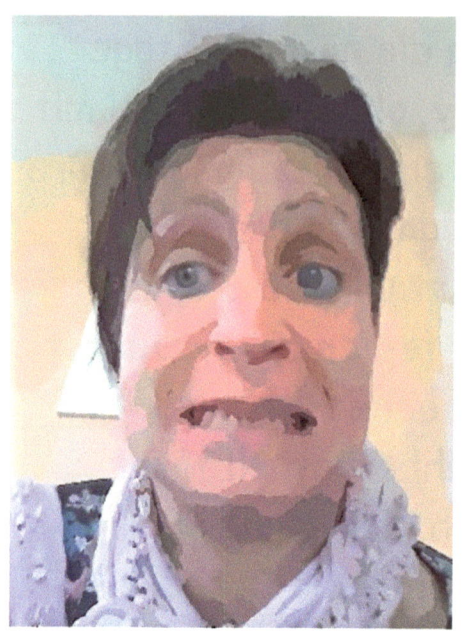

Zum Glück stand niemand unten vor dem Rollband oder geschweige denn darauf, denn den hätte mein Rollator glatt umgeworfen, ein kleines Kind zum Beispiel. Uijuijui, ich möchte gar nicht daran denken. Unten waren ja schließlich ein Café und daneben ein Lebensmittelgeschäft. Aber keiner kam zu Schaden, Gott sei Dank!
Von oben schaute ich hinunter, was "Paulchen" wohl angestellt hatte. Mit Freuden sah ich, dass noch alles gut gelaufen war.

Erfreut sah ich eine Dame, die den Rollator an sich genommen hatte und ihn mir über das Rollband hochbrachte. Entschuldigendund etwas beschämend nahm ich ihn wieder an mich und bat noch mal um Verzeihung. Dabei war die Frau einfach nur froh zu sehen, dass mir nichts geschehen war.
Nach einer kurzen Zeit verließen wir das Einkaufcenter wieder, wobei wir immer wieder über das Geschehene auf dem Rollband lachen mussten.

Es ist manchmal echt witzig, was ich so alles mit einem meiner Hilfsmitteln, ob Rollstuhl mit E-fix oder Rollator, erlebe.
Auf überfüllten Plätzen zum Beispiel, Weihnachtsmarkt oder einfach in einem Einkaufszentrum.
Wenn man dort einem vorweggehenden Passanten mit dem Einkaufswagen in die Haken fährt, dreht dieser sich verärgert um und

schimpft.
Passiert mir das mit meinem Rollator oder im Rollstuhl sitzend, dreht der Vorangehende sich erbost um, schaut mich dann aber freundlich an und entschuldigt sich!
Meine Antwort darauf ist nur: „Nicht schlimm, nichts passiert!"
Amüsiert geh oder fahr ich weiter.
 ! Gleiche Situation aber verschiedene Reaktionen !

-

Jedes Jahr im Herbst findet eine große Messe für Hilfsmittel statt. Mit meiner Selbsthilfegruppe fuhren wir natürlich auch mal dort hin, rein informativ. Mit Zweien aus der Gruppe erkundeten wir die Stände. Da die Messe sehr groß und weitläufig ist, nahm ich natürlich auch meinen Rollstuhl mit.
Mit Ausstellern und Besuchern waren die Hallen sehr voll. Es gab kaum ein Durchkommen im Rollstuhl.

Einen sehr interessanten Stand sah ich dann. Zu dritt näherten wir uns interessiert diesem Stand.

An einem Lenkrad, das aussah wie von einem Motorrad, war ein Antrieb, den man einfach an einen Rollstuhl, der dafür hergerichtet ist, feststeckt. Fertig umgebaut sieht das dann wie ein Trike aus. Richtig cool. Da ich ja ein ziemlich experimentierfreudiger Mensch bin, wollte ich es natürlich auch mal ausprobieren, damit zu fahren. Ein Angestellter von dem Stand ging, nachdem ich ihm sagte, dass ich gerne mal damit fahren möchte, mit mir und dem sogenannten Trike nach draußen und erklärte mir alle Funktionen. Er sagte mir noch, dass ich ruhig Vollgas geben könnte, denn mehr wie 6 km/h fahre das eh nicht. Aber bevor ich in eine Kurve fahre, solle ich runter von der Geschwindigkeit gehen und etwas abbremsen. Ja klar, sicher, dachte ich mir. Lächelnd setzte ich mich in den Rollstuhl und fuhr erst langsam, dann schneller werdend los. Ein paar Meter vor mir lag eine Rechtskurve, doch da ich noch nicht direkt vor ihr war, dachte ich mir, es reicht bestimmt, wenn ich erst Anfang der Kurve langsamer werde. Ohhhhhhh, die Lenkung reagierte sehr schnell, schneller als geplant, denn in Schräglage fiel ich mit samt dem Rollstuhl, Trike, um. Von weitem hörte ich den Verkäufer rufen und sah ihn schon angerannt kommen. Total lachend lag ich da, als er mich nach meinem Befinden fragte. Ich versicherte ihm, das mir wirklich nichts passiert sei und es mir gut ginge.

Natürlich hatte ich mir bei dem Sturz wehgetan, aber hey, egal. Es hatte Spaß gemacht. Die Anderen waren auch am Lachen, so gingen wir zusammen weiter.

Auf dem Weg nach Hause erzählten wir den Mitfahrenden von meiner Spritztour und lachten uns dann gemeinsam kaputt. Einige sagten nur: „Klar, Miriam wieder!"

Es gibt auch ganz andere Situationen, in denen ich denke, dass es nicht normal ist. Immer wenn ich irgendwohin oder zu irgendeinem Anlass mit Essen gehe, läuft was falsch. Ersten fällt es mir immer sehr schwer, aus der vorhandenen Speisekarte das Richtige für mich zu wählen. Meistens ist es dann so, dass ich mich zum Beispiel für einen Salat entschieden habe, die anderen Mitesser aber eine Pizza haben. „Hm, eigentlich hätte ich doch lieber eine Pizza", denk ich mir dann. Das nächste Mal bestell ich mir dann Pizza, doch die meisten haben sich für ein Nudelgericht entschieden. Grr, schon wieder kommt etwas Hungerneid bei mir auf. Dann muss ich noch dazu sagen, das mein Essen in der Regel als Letztes kommt. Klar, wie kann es auch anders sein. Oder meine Bestellung wurde total vergessen, so bekomme ich dann mein Essen, wenn alle schon fast fertig sind.

Interessant und spannend ist es auch, mit mir Essen zu bestellen. Am besten läuft es bei einer gewissen Pizzeria in meinem Wohnort. Längere Zeit hatten wir nichts mehr dort bestellt, bestimmt schon fast zwei Jahre nicht mehr.
Dann sagte einmal mein Bruder zu uns, dass es dort total lecker und schmackhaft war bei seiner letzten Bestellung. Schon total in Vergessenheit war uns diese Pizzeria geraten. Doch als mein Bruder uns davon berichtete, bekamen wir spontan Hunger. Nach längerem Durchsuchen des Schranks fand ich auch die Bestellkarte wieder. Mein Bruder schwärmte so von einem speziellen Schnitzel, das sich für meinen Geschmack auch sehr gut anhörte. Nachdem mein Mann und unsere Tochter sich was ausgewählt hatten, bestellte ich. Alles kam pünktlich und richtig bei uns zu Hause an. Sehr lecker war das Essen.
Einige Zeit war vergangen und meine Nichte Lea war zu Besuch. Gemeinsam wollten Mira

und ich mit ihr noch mal das umschwärmte Schnitzel bestellen. Zwei Beilagen kann man sich noch dazu bestellen, zum Beispiel Pommes und Salat. Also bestellte ich dreimal dasselbe Gericht. Diesmal mussten wir etwas länger auf unser Essen warten, wie gesagt, aber das war nicht so schlimm für uns. Endlich kam dann die Bestellung. Mit Freude fingen wir dann nach der Bezahlung an zu essen. Stirnrunzelnd schaute ich die Kinder an, nachdem ich festgestellt hatte, oder es zumindest so empfunden hatte, dass das Schnitzelgericht nicht so lecker war wie beim letzten Mal. Mira und Lea stimmten mir zu und leider konnten wir nicht wirklich viel davon essen. Naja, kann ja mal passieren, hatte ich gedacht.

Ein anderes Mal bestellten wir erneut bei der Pizzeria, diesmal bestellten wir das köstliche Schnitzel fünfmal. Zweimal mit der Beilage Spargel und Pommes, dreimal mit Salat und Pommes. Nachdem Michael die Bestellung durchgegeben hatte, warteten wir die dreiviertel Stunde geduldig ab. Doch auch nach einer Stunde war das bestellte Essen noch nicht da. Wir wollten gerade anrufen und nachfragen, wo das Essen bleibt, da klingelte es an der Wohnungstür. Der Lieferant überreichte uns die Bestellung, wir bezahlten und öffneten unsere Speisen. Erstaunt blickten wir alle auf die vor uns stehende Schale. Leider hatten wir alle ein falsches Schnitzel bekommen. Anstatt dass es in einer leckeren Sahnesoße mit Kräuterbutter und mit Käse überbacken war, war einfach nur eine Pilzsoße darauf. Ziemlich verärgert rief ich in der Pizzeria an und sagte, dass die Bestellung falsch sei, die wir bekommen haben. Etwas erbost war der Herr an der anderen Seite des Telefons, denn ich sagte ihm auch, dass das letzte Mal auch nicht so gut war und wir immer länger warten müssen, als uns gesagt wurde. Mein Bruder, der auch mitbestellt hatte, sagte im Hintergrund, dass er das letzte Mal auch total lange auf seine

Bestellung warten musste. Darauf Antwortete der Chef der Pizzeria: „Ich bringe euch jetzt das richtige, von euch wohl bestellte Essen, aber das falsch gelieferte will ich wiederhaben. Eingepackt, wie es war!"
Wir schauten uns verlegen an, denn schließlich hatten wir schon etwas davon gegessen. Aber wie gewünscht packten wir alles wieder ein und taten es in die Tüte, in der es uns geliefert wurde. Schlecht gelaunt brachte der Chef uns das richtige Schnitzel, behauptete, wir hätten das zwar so bestellt, wie die erste Lieferung war, und er jetzt ein totales Minusgeschäft machen würde, aber das wäre halt Service. Außerdem sei es eine Lüge, dass wir behaupteten, die Lieferung hätte länger gedauert, als er gesagt hatte. Schlecht gelaunt gab er uns dann unsere "richtigen" Schnitzel und fuhr davon. Zum Glück hatten wir die Beilagen schon fast leer gegessen, denn der Chef wollte ja unsere gesamte Bestellung zurückhaben, das heißt, wir hatten

nur das gewünschte Gericht zur Hand, das Schnitzel ohne Beilagen. Da wir uns fragten, was er wohl vorhatte mit unserer falschen Lieferung, haben wir alles halb aufgegessen, damit ja kein anderer Kunde diese Lieferung geschickt bekommen kann! Vielleicht gemein, aber für den nächsten Kunden sicherlich besser.

Nach einigen Wochen war ich mit meinem Bruder und einem Freund ausgegangen, wir waren erst in einer Kneipe in unserem Ort. Zu vorgerückter Stunden wollten wir noch etwas Essen gehen. Wir liefen förmlich auf die Pizzeria zu, in der wir das leckere Schnitzel bestellt hatten. Überlegend schauten wir uns an und betraten wagemutig den Imbiss. Wie schon klar war, bestellten wir natürlich alle drei das viel umschwärmte Schnitzelgericht. Nach gar nicht so langer Zeit kam unsere Bestellung auch schon.

Mit Appetit stürzten wir uns auf das Essen. Plötzlich merkte ich, dass irgendwas mit meinem Schnitzel nicht stimmte. Ich entfernte etwas von der Panade und sah das Malheur. Das Stück Fleisch war fast roh! Mit Ekel verzehrtem Gesicht zeigte ich meinem Bruder ein Stück davon. Er war sprachlos bei dem Anblick. Sein Schnitzel und das von unserem Freund war gut. Ziemlich erbost rief ich den Kellner und zeigte ihn mein fast rohes Schnitzel. Achselzuckend ging er zu seinem Chef in die Küche und holte ihn. Klar, wir erkannten ihn wieder, da er vor einiger Zeit unsere Bestellung gebracht hatte. Mit fester und selbstsicherer Stimme sagte ich ihm, dass das echt das allerletzte sei und ich dieses Gericht nicht bezahlen werde, auch nicht meine Cola. Immer wenn ich was bestelle, geht was schief. Mit einer Unschuldsmiene blickte er mich an und fragte mich, was er denn jetzt machen solle. „Wie bitte??? Das fragt der MICH???!!", sagte ich zu meinem Bruder. Der Chef konnte es sich nicht wirklich vorstellen, aber er musste zugeben, dass ich Recht hatte.

Alle seine Kunden wären zufrieden, nur bei mir ging scheinbar immer etwas schief. Er werde sich meine Adresse gesondert vermerken und bei der nächsten Bestellung würde er sich besonders Mühe geben.
Der Koch bot mir an, ein neues Schnitzel zu braten, was ich aber ironisch dankend ablehnte. Als Wiedergutmachung bestellten wir uns den teuersten Wein auf der Karte. Auf seine Rechnung natürlich.
Nachdem die anderen Gerichte bezahlt waren, verließen wir mit der Flasche Wein das Lokal. Kopfschüttelnd und lachend machten wir uns auf den Weg nach Hause. Mein Bruder sagte zu mir: „Es kann doch echt nicht wahr sein, dass immer, wenn du mitbestellst, irgendwas an der Bestellung nicht stimmt." Wenn er ohne mich bestelle, sei alles gut.
Sehr lange bestellten wir nicht mehr dort, uns war etwas der Appetit verdorben. Und wieder mal: ICH WIEDER!
Nur noch kurz, soll nicht langweilig werden.

Wir bestellten nach langer Zeit dann doch noch mal dort. Unter anderem Namen, selbe Adresse aber. Mein Bruder hinterließ seine Telefonnummer nach mehrmaligem Auflisten unserer Bestellung. Wie schon zu erwarten war, riefen die kurze Zeit später zurück und sagten, sie hätten keine Pommes mehr zu unserer Bestellung, ob wir auch Kroketten nehmen würden? Haha, sehr witzig. Das bestätigte unsere Vermutung einfach und wir bestellten alles wieder ab. Sagten natürlich auch, dass wir jetzt woanders bestellen werden. Danke und tschüss!

-

Etwas sehr Mysteriöses geschah mir einmal in der MS-Klinik.
Zu Beginn des Krankenhausaufenthaltes wird immer Blut und Urin untersucht. So weit in Ordnung. Die Ergebnisse sind im Normalfall den nächsten Tag vorhanden. Wie gesagt, im "Normalfall". Da ich gerne in dem

Klinikschwimmbad schwimmen gehen möchte, muss erst alles auf Bakterien und Keimen untersucht und ich dann zur Schwimmbadbenutzung freigegeben werden. Nach zwei Tagen hatte ich morgens wieder eine Urin-Kontrolle. „Komisch, aber naja", dachte ich mir und gab erneut die Probe ab. Sehr mystisch erschien es mir aber nach etwa einer Woche schon, denn jeden Tag musste ich aufs neue Urin abgeben. Doch mir konnte auch keiner vom Pflegepersonal meine Frage danach beantworten. Nach ein paar Tagen machte ich mich schon lustig darüber, ob sie jetzt schon damit handeln oder kochen würden. Denn normal war das bestimmt nicht! So erhielt ich dann circa zehn Tage später erst meinen angeforderten Schwimmschein. Sehr seltsam. Doch als dann auch noch mein Blut nach erneuter Untersuchung verschwunden war, wurde mir etwas mulmig im Bauch.
Es war eine besondere Blutbestimmung

angefordert, dessen Ergebnis schon so ziemlich wichtig zu wissen war. Aber auch dazu sagte ich nur: „Komisch, aber naja!"
Von zu Hause fragte ich telefonisch erneut nach dem Ergebnis.
Doch mein Blut war nicht mehr auffindbar.
„Hm, bestimmt hab ich Gold im Blut und die handeln auf dem Schwarzmarkt damit", dachte ich mir und machte meine Späße darüber.
Wie ich feststellen musste und auch heute noch feststellen muss, verschwindet mein Blut immer wieder mal, egal wo es abgenommen wird.
Das Medikament, das ich wegen meiner Multiplen Sklerose einnehme, erfordert spezielle Blutwerte bei der Kontrolle ein. Wenn die Werte, die im günstigsten Fall auf 0,0 sein sollten, wieder ansteigen, muss oder sollte ich erneut das Medikament einnehmen, Infusion.
Doch auch die Werte waren nach der

Untersuchung verschwunden. Erneut wurde mir Blut für die Bestimmung abgenommen. Nach zwei Wochen fragte ich mal vorsichtig nach, ob denn alles okay mit meinem Blut sei. Doch auch diesmal war nichts zu erfahren. Leicht erbost fuhr ich zu diesem Arzt und fragte noch mal mit Nachdruck, wie das denn sein könnte, dass immer MEIN Blut verschwinde, egal wo ich sei. Die Arzthelferin schaute mich mit einem traurigen, mitfühlenden Blick an und zuckte unwissend mit den Schultern. Das hieß für mich, noch mal Blut abgeben und warten. Meine Adern spielen mittlerweile auch schon nicht mehr so gut mit, deshalb finde ich es umso ärgerlicher das mein Blut immer verschollen geht.
Bestimmt hab ich Blutgruppe XY oder â§.
Keine Ahnung.
Beim nächsten Arzttermin wurden mir die lang ersehnten Ergebnisse dann mitgeteilt und ich konnte mir einen Termin zur erneuten Medikamenten-Gabe machen, da die

bestimmten Werte angestiegen waren.
Der Termin sollte recht zeitnah sein, da ich ja auch mittlerweile in Bezug auf meine Erkrankung sehr ungeduldig geworden bin, rief ich in der Klinik an, um mir einen neuen Termin geben zu lassen. Leider wurde ich vertröstet und mir wurde gesagt, das nächste freie Bett würde ich bekommen, sie würden mich dann anrufen!
Nach weiteren sechs Wochen Wartezeit rief ich dort erneut an. Wieder wurde ich nur abgewiesen. Doch etwas erbost antwortete ich darauf: „Es ist mir jetzt egal, was Sie dazu sagen, mir geht es von Tag zu Tag immer schlechter (übertrieben, aber egal), es ist wichtig, dass ich jetzt das Medikament bekomme. Morgen früh bin ich in der Klinik und wenn ich kein Bett bekomme, lege ich mich einfach in den Flur. Irgendjemand wird schon Mitleid mit mir haben und mich zudecken."
Mitleidig meinte die Dame: „Und ich bringe ihnen ein Frühstück."

Geht doch, war meine Antwort darauf.
Im Krankenhaus bekam ich dann natürlich ein Bett und meine Basistherapie.
Man muss sich nur einfach durchsetzen können, was ich aber auch erstmal lernen musste.

-

Unsere Selbsthilfegruppe vor Ort bot eine Reise im Sommer nach Borkum an.
Nach kurzer Überlegung sagten wir zu.
Ein befreundetes Ehepaar, der Mann hat MS und erledigt sehr viel im Rollstuhl, fuhr auch mit.
Viel Spaß hatten wir zusammen. Unsere Kinder, Mira 12 und Karla 3, hatten auch viel Freude. Sie gingen an den Strand oder wir alle machten einen Ausflug zusammen.
Unser Hotel lag direkt am Strand. Jedoch musste man einige Treppen runter laufen oder den barrierefreien Weg, der aber natürlich etwas länger war, nutzen. Da Harry und ich

mit Rollstuhl gewappnet waren, nahmen wir den längeren Weg. Aber nicht schlimm. Unsere Familien sind den Weg meistens mit uns mitgegangen.

Nach dem Bummel über die Promenade kamen wir wieder an der Treppe, die zu unserem Hotel führte vorbei. Ein verliebtes, jüngeres Pärchen saß direkt neben dem Aufgang. Harry und ich hielten mit unseren Rollstühlen davor und schlossen eine Wette ab. „Wer zuerst oben ist, bekommt den Abend ein Colabier von dem Anderen. Dann derjenige, wer zuerst unten ist, das Gleiche."

Wir standen aus unseren Rollstühlen auf und stellten uns in Position für den geplanten "Aufstieg". Das besagte junge Paar schaute etwas verwirrt zu uns rüber. Als sie uns aber dann beobachteten, fingen sie zu schmunzeln an.

Mit gesammelter Energie stapfte ich die Stufen hoch, Harry lag etwas hinter mir. Oben angekommen streckte ich die Arme in den Himmel und genoss meinen Sieg. Nachdem Harry oben war und wir eine ganz kurze Verschnaufpause machten, ging es an den "Abstieg".

Mit viel Ehrgeiz ging ich die Stufen dann runter. Natürlich hielt ich mich dabei die ganze Zeit an dem Geländer fest.

Auch die Etappe ging an mich. Erfreut wartete ich auf Harry. Sehr belustigt über unseren Auftritt nahmen wir uns in den Arm, Harry gratulierte mir und anschließend nahmen wir wieder Platz in den Rollstühlen und fuhren Richtung Hotel.

Kurz darauf fuhren wir erneut an die Promenade. Es fing schon ganz leicht an zu dämmern, doch es war noch angenehm von den Temperaturen her. Die Cafés oder Restaurants waren gut besucht, Live Musik spielte und die Atmosphäre war sehr schön. Wieder mal verspürte ich den Drang, etwas Lustiges zu machen, was die meisten Leute irritiert. So fuhr ich dann mit meinem

Rollstuhl vor Harry. Schaute ihn mit Witz in den Augen an und fragte, ob wir tanzen wollen. Belustigt über unser Vorhaben, stieg ich aus meinem Rollstuhl aus, verneigte mich leicht, streckte ihm meine Hand entgegen und bat um den nächsten Tanz.

Er, ziemlich groß, stand auf und wir tanzten kurze Zeit miteinander.

Einfach nur spaßig solche Situationen.

Den Nächsten Tag machte Michael eine Fahrrad Tour um die Insel. Auf einmal sah er Fallschirme am Himmel. Er versuchte den Landeplatz zu verfolgen und sah dann einen Wegweiser Richtung Flugplatz! Er folgte der Beschreibung, denn er wollte fragen ob man einen Tandemsprung machen konnte.

Am Flugplatz sah er auch direkt das Büro der Fallschirm Springer. Mit einem guten Plan in Gedanken ging er in das Büro und fragte nach einem Tandemsprung für mich! Er erzählte auch von meiner MS und sagte aber auch, dass ich schon einmal gesprungen bin.

Um 14 Uhr bekam er den Termin.
Als Michael zurück im Hotel ankam kam er ganz entspannt auf mich zu und sagte, ich könne heute springen!
Hä? Total verdutzt und nichts verstehend fragte ich ihn, wovon soll ich denn bitte schön <u>Springen</u> ?Von einer Treppenstufe oder was???

Dann berichtete er von seiner Fahrrad Tour und den Fallschirmspringern, und das er für mich einen Tandemsprung klargemacht habe. Absolut erfreut und überwältigt darüber, machte ich mir Gedanken darüber, wie wir denn zum Flugplatz kommen würden. Rollator = Schaff ich nicht, zu weit. Rollstuhl = Entfernung zu weit für hin- und zurück. Mit der Bimmelbahn = Passt nicht von der Uhrzeit der Abfahrt. Hm, was nun??? Einer von den Helfern, Piet, die unsere Gruppe Begleiten, bekam unser Gespräch mit. Er sagte dann, ganz entspannt, er würde uns dorthin fahren, dafür sei doch auch unteranderem das Fahrzeug mit auf der Insel (normal Autofrei). Er sei doch total neugierig wenn ich Fallschirmspringe. Denn er selbst würde es sich nicht zutrauen.

So gingen wir dann erst mal aufs Zimmer um uns Umzuziehen. Naja, da es ziemlich warm war, wollte ich auch nichts warmes anziehen, deshalb ließ ich meine kurze Hose und meine Sandalen an. Nahm mir aber auch meine Sportschuhe, für den Sprung, mit.

Am Flugplatz angekommen ging ich zu einem Treffpunkt der Springer und sagte ich habe einen Tandemsprung gebucht. Nach kurzer Erklärung meiner Person, wurde ich an einen Tandem-Master weiter geleitet. Zottel war sein Spitzname, was wohl auf seine etwas längeren, zerzausten Haare hindeutete. Er war ein sehr netter, cooler und freundlicher Typ. Nach der „Trockenübung am Boden „ gab er mir den Overall zum Springen. Ich fragte ihn dann auch noch, ob ich besser festes Schuhwerk anziehen solle. Verdutzt sah er mich an und wollte den Grund dafür wissen! Er springe, erstaunlicher Weise trug er fast die gleichen Sandalen wie ich, auch mit diesen Schuhen. Okay, dann ließ ich sie natürlich gerne auch an.

Der Sprung war mal wieder gigantisch! Durch eine Wolkendecke durch, in der wir ein Peeling aus Schnee, Hagel und Regen bekamen. Glücklich gelandet kam Michael und Piet auf mich zu und Piet war total außer sich, wegen meinen Sandalen. Er könne es nicht fassen, dass Zottel und ich mit Sandalen gesprungen sind.

Warum gibt es denn „Springerstiefel"!!!!!? Zum Fallschirm**springen** ja wohl!! Er sprach den ganzen Abend, Kopfschüttelnd, noch von den Schuhen. Auch heute wenn wir uns mal zufällig sehen, fällt ihm immer wieder die Story mit den Sandalen, den vermeintlichen Springerstiefeln *Heut zu Tage* ein!!!

Auch so bleibt das Erlebnis wieder Mal in

Erinnerung.

Da ich ja an MS erkrankt bin, aber trotzdem noch ein fröhlicher und lustiger Mensch bin, hab ich Kontakt mit einer für mich TOP Selbsthilfegruppe im Internet aufgenommen. Wir haben auch schon zwei Treffen gehabt, wo wir uns "live" gesehen haben. Sehr spaßig und witzig läuft es da immer ab.
Das Treffen ist leider nicht bei mir in der Stadt, sondern in Dortmund. Da wir ja einen schönen gemeinsamen Abend verbringen wollen, buche ich dann auch ein Hotelzimmer. Ein Freund von mir, auch MS, bat mich, für ihn doch bitte auch ein Zimmer in diesem Hotel zu buchen. Was ich natürlich auch getan habe. Wie verabredet fuhr ich an dem vereinbarten Tag morgens los, um den Bekannten abzuholen. Unterwegs fiel mir plötzlich ein, dass ich die ausgedruckten Buchungsbestätigungen zu Hause vergessen hatte.
Hhmm, nachdem Toto im Auto saß und ich

fragte, ob wir besser noch mal zu mir nach Hause fahren sollten, um die Zettel zu holen, stimmte er mir zu.

Es war ja eh noch früh, also würden wir keine Zeit verlieren. Komische Situation. Denn als ich das erste Mal in diesem Hotel war, hatte ich keine Bestätigung mitgehabt. Aber irgendwas sagte mir, es könnte besser sein, wenn ich sie diesmal dabeihabe. Okay, wir holten sie und fuhren anschließend nach Dortmund mit Zwischenstopp bei mittlerweile Freunden aus dieser Gruppe, um gemeinsam mit einem Auto dahin zu fahren. Schon während der Fahrt hatten wir viel Spaß gehabt und gelacht. Im Hotel angekommen, gingen wir zur Anmeldung. Monika und Stefan hatte eingecheckt, jetzt waren Toto und ich dran. Gemeinsam gingen wir zu der Dame und ich reichte ihr die beiden Buchungsbestätigungen. Da ich das Zimmer für Toto gebucht und mit meiner Eurocard bezahlt hatte, stand mein Name darauf. Nach anfänglicher Verwirrung der Dame, denn es waren doch Einzelzimmer, schaute sie im PC nach, um uns die Karten fürs Zimmer zu geben. Mit einem etwas irritierten Gesichtsausdruck sagte sie, wir sollen doch noch kurz Platz nehmen, sie finde die Bestätigung eines Zimmers von uns nicht im Computer. Leicht erbost antwortete ich: „Das kann doch wohl nicht wahr sein. Sie sehen doch auf der Bestätigung die Buchung. Außerdem hab ich schon bezahlt dafür!" Toto und ich setzten uns in der Lobby also hin und warteten.

Da hatte ich den Grund, warum ich unbedingt die Unterlagen mitnehmen wollte. Zu Toto sagte ich: „Jetzt stell dir nur mal vor, ich hätte die Unterlagen nicht dabei! Das wäre erstmal ein Theater geworden. Wer weiß, ob die mir geglaubt hätten, dass ich noch ein Einzelzimmer gebucht habe! Gut, dass wir nochmal zurückgefahren sind, um diese Bestätigungen zu holen!"

Eigentlich klar, dass bei mir wieder etwas nicht stimmte. So ist es halt fast immer!!

-

Es gibt MS Symptome bei mir, die eigentlich nicht witzig sind, die Ataxie (Unkoordinierte Bewegungsabläufe) zum Beispiel. Leider ist sie bei mir überall zu finden. Das heißt, Arme (Hände zittern), Beine nicht sehr stabil und mein Rumpf, der den ganzen Tag meinen schweren (dickköpfigen) Kopf tragen muss, lässt natürlich meinen Kopf auch etwas ins Zittern geraten. Aber "hey", is halt so! Es gibt Tage, da ist es morgens schon mal schlimmer, mein Kopf wackelt etwas stärker. Es fällt mir schwer, einfach meine Kaffeetasse zu heben und an den Mund zu führen. Genervt stell ich dann die Tasse vor mich und sage: „Duuu ....Raatz...., ja...Rübe...??? Halt einfach Ruhe!!!!!! Mit Rübe is klar mein Kopf gemeint. Der Satz stammt aus einer Kinderserie von früher, also meiner Kinderzeit.

Mein Mann schaut mich lächelnd an und sagt: "Ich bewundere Dich für deinen Umgang mit der MS. Gerade in so Momenten noch Witze zu machen!!" So bin ich halt zum Glück!

-

Nach langer Zeit nochmal zu dem Thema "Schnitzel" bestellen. Eine neue Pizza-Karte flatterte ins Haus.
Einen Ort weiter weg, aber es standen genau dieselben Gerichte darin wie in der Pizzeria vor Ort mit den schlechten Erfahrungen. Na, es hat doch jeder ne zweite Chance verdient. So bestellten wir mal dort. Das leckere, überbackene Schnitzel mit Pommes viermal. Gespannt
gaben wir unsere Bestellung ab. Denn nach genauerem Betrachten und Durchlesen der Karte stellten wir fest, dass es derselbe Besitzer war. Naja, erst mal abwarten. Das Essen kam und alle waren zufrieden damit.

Aber leider nicht überzeugt. Was soll`s! Mittlerweile koche ich das Gericht selber und es schmeckt richtig gut.

-

Je mehr ich überlege, was so alles Lustiges und Komisches in meinem Leben passiert ist, umso mehr fällt mir ein!!
Da ich aber nicht mehr genau weiß, wann das alles war, erzähl ich es einfach ohne Zeitangabe. Versuche aber in etwa chronologisch zu bleiben!!

Damals, Michael und ich waren noch recht jung verheiratet, fuhren wir mit dem Auto zu McDonalds.
Wir wollten uns nicht dareinsetzen, sondern den angenehmen "Mitnahme"- Service nutzen.
An der Sprechanlage wurde wir freundlich empfangen: „Herzlich willkommen bei

McDonalds! Ihre Bestellung bitte!" Michael gab unsere Bestellung durch und daraufhin wurden wir zum Bezahlen und Ware abholen an den nächsten Schalter gebeten.

Entsetzt stellte Michael fest, dass er sein Portemonnaie vergessen hatte. Nervös fragte er mich, ob ich denn Geld dabeihätte. Aber auch ich hatte nicht genug dabei. Oh je. Vor uns standen noch etwa drei Autos, die auf ihre Bestellung warteten. Am liebsten wären wir direkt gefahren, aber wir mussten warten, bis wir an der Reihe waren. Es war uns total peinlich und unangenehm!

Endlich waren wir dran. Mit dem Auto fuhren wir vor bis an das geöffnete Fenster, Michael sagte nur: "STORNO!", gab Gas und fuhr weiter. Wir fanden die Situation in dem Moment nicht wirklich witzig, aber als wir mit meiner Cousine und ihrem Mann später mal zusammensaßen und die Geschichte erzählten, haben wir uns schlapp gelacht. Bis heute kommt der Spruch "Storno" immer wieder mal ins Gespräch.

-

Leider ging die Umknick-Serie, ich berichtete darüber, in einer anderen Dimension mit meiner Tante und mir weiter.
Nachdem wir beide eine längere Zeit, Gott sei Dank, Ruhe mit dem Umknicken hatten, meldete sich fast gleichzeitig unsere Blase zu Wort!
Das heißt, mehrmals im Jahr hatten wir unabhängig voneinander Blasenentzündung. Es ging dann mal wieder so: „Taanntteeeeee Geerrddaaaaaaa?????....." Und sie: „Miiimmmiiiiiii????...."
Es war wie verhext. Auch damit wechselten wir uns regelmäßig ab. Wir haben natürlich auch darüber immer wieder lachen müssen. Oft schauen wir uns dann an und sagen: „Man könnte meinen wir wären verwandt!"
Was wir natürlich auch sind, denn sie ist ja schließlich meine richtige Tante.

Doch jetzt kommt der Knaller!!
Wenn man denkt, schlimmer geht`s nicht mehr oder noch was Anderes, wo zwei Menschen in Folge genau das gleiche Pech haben, der kennt UNS noch nicht!

Mein Mann und ich waren bei Freunden zu ihrem 50.ten Geburtstag eingeladen. Es war eine lustige Runde und alle hatten Spaß gehabt. Natürlich floss auch der Alkohol in rauen Mengen über die Theke. Dem ich auch den Abend nicht ganz abgeneigt war. Es wurde später und später, es waren auch nicht mehr sehr viele anwesend. Ich habe getanzt, gelacht und natürlich auch getrunken. Muss ich ja ehrlich zugeben.
Auf einmal kam mein Mann auf mich zu und sagte: „Los, komm, draußen steht schon das Taxi!"
"Hä?" Total überrumpelt ging ich dann noch schnell zu meinen Bekannten, um mich zu verabschieden und plötzlich....... Wums, peng,

platsch, gab es einen lauten Knall und ich bin ungebremst nach hinten umgefallen und voll mit dem Kopf aufgeschlagen. Dann hörte ich nur noch: "Mimi, Mimi, alles OK?? " Michael kam von draußen rein gerannt und sagte, nachdem ich wieder aufstand: „Komm jetzt, das Taxi wartet"! Beide Hände drückte ich auf meinen Hinterkopf, etwas seitlich hinter dem linken Ohr und stieg ins Auto ein. Die ganze Fahrt sagte ich nur einen Satz: „Ich habe Schmerzen! Ich habe Schmerzen! Ich habe Schmerzen!"

Zu Hause angekommen saß ich weinend auf meinem Bett und sagte weiter: „Ich habe Schmerzen! Ich habe Schmerzen! Ich habe Schmerzen!" Michael, der es gar nicht so richtig mitbekommen hatte, was mir passiert war, fragte mich besorgt, ob er den Krankenwagen rufe solle!? „Bitte ja!", war meine Antwort. Mittlerweile war es schon hell draußen und ich hörte noch, wie mein Mann in den Hörer sagte: "Aber bitte nicht mit

Sirene, denn sonst regen sich die Nachbarn, besonders ihre Mutter auf!" Kurze Zeit danach kam der Wagen schon angefahren und nahmen Michael und mich mit ins Krankenhaus. Dort wurden einige Untersuchungen gemacht und der Arzt sagte, ich müsse zur Beobachtung dableiben. Doch ich war einfach nur müde und wollte in mein Bett. Nicht zu vergessen, betrunken war ich ja auch noch! Nicht erfreut darüber gab der Arzt dann grünes, besser gesagt orangenes Licht und wir bestellten uns ein Taxi. Mittlerweile war es ungefähr 7 Uhr morgens. Zu Hause ging es dann sofort ins Bett. Alle paar Stunden eine Kopfschmerztablette. Es hatte sich eine große Beule gebildet, ein riesiger Bluterguss, der auf der linken Seite bis über meinen Hals reichte. Oh je, es war schon eine schmerzhafte Zeit, in der ich aber trotzdem das Lachen nicht verlernt habe. Dann bekam ich auch noch eine Halskrause verpasst. Es hat schon ziemlich lang dauert, bis es mir wieder einigermaßen gut ging. Nicht schlimm, es gibt Schlimmeres.

Circa vier Monate später fuhren wir zusammen mit der Selbsthilfegruppe nach Borkum. Es war windig dort am Meer gewesen und somit wurden die Haare gut durch gewirbelt. Auf einmal sagte Michael, der hinter mir lief, zu mir: „Du hast ‚ne Glatze am Kopf!". Erschrocken bat ich ihn mit dem Handy ein Foto davon zu machen. „OH GOTT", tatsächlich war eine etwa drei Zentimeter Durchmesser große kahle Stelle zu sehen. Sofort fing ich an zu weinen. „Was ist das denn jetzt für ein Mist, kreisrunder Haarausfall!"

Zu Hause ging ich direkt zum Arzt, der sagte dann auch, es sei kreisrunder Haarausfall. Ursache unbekannt!

Das Interessante war, das war genau auf der Stelle, wo meine Beule ist! Wir vermuteten, dass diese der Grund für die kahle Stelle war. Dass dort die Haarwurzeln abgestorben sind.

Tja, dann war es halt so. Zwischendurch hab ich etwas Augenbrauenstift über die haarlose Stelle gemacht, damit man es nicht sofort sehen konnte. Drei Monate später war alles wieder gut.
Die Beule ist bis heute zu ertasten, aber nicht mehr so schmerzhaft.

Schon wieder total vergessen, kam meine Tante mich besuchen und sagte nur: „Mimiiiiii????" Ich ahnte Schreckliches. Dann neigte sie ihren Kopf etwas nach vorne, machte die Haare zur Seite und ich sah: "kreisrunden Haarausfall!" Etwa auch die Stelle wie bei mir. Sie erzählte mir dann, dass sie kurz zuvor auch schwer auf den Hinterkopf gefallen war und genau auf der entstandenen Beule sei nun dieser Haarausfall. Sie musste sofort an mich denken.
Wir haben so Lachen müssen, denn ausgerechnet wir beide wieder das gleiche "unnötige" und blöde Missgeschick!!

Wieder sagten wir lachend: „Man könnte meinen, wir wären verwandt!"
Es ist schon fast beängstigend. Erst Umknicken im Wechsel, dann Blasenentzündung im Wechsel, nun kreisrunder Haarausfall im Wechsel!
Keiner von uns möchte sich den Gedanken ausmalen, was wir denn als Nächstes erleben müssen. Also schon echt verrückt!
Zum Glück können wir noch darüber lachen. Wenn wir das Freunden oder Bekannten erzählen, schauen die einen fast ungläubig an, so verrückt und erstaunlich ist das. Immer die gleichen und fast miteinander solche skurrilen Sachen!

-

Was mir auch immer wieder mal passiert, ist etwas umschütten oder runterfallen lassen. Besonders wenn ich jemandem helfen möchte! Oder:
Je leiser ich sein möchte, umso lauter bin ich.

Je vorsichtiger ich sein möchte, umso tollpatschiger bin ich. Bestimmt bin ich verhext.

Es war einmal auch was total Witziges passiert. Wieder mal waren wir an der Ostsee im Urlaub. Meine Eltern waren auch dort mit ihrem Campingbus.

In einem Nachbarort war ein Straßenfest mit anschließendem Feuerwerk angekündigt. Wir fuhren alle zusammen mit einem Schiff dorthin, es war sehr angenehm so. Die Seebrücke in unserem Feriendorf war auch für mich gut zu erreichen.

Sehr schön war es auf dem Straßenfest, der Promenade. Dort waren viele verschiedene Stände mit Handwerk, Schmuck, Süßigkeiten, Essen, Trinken und was es so auf solchen Märkten alles gibt.

Die Zeit verflog sehr schnell und es näherte sich die Abfahrtzeit unseres Schiffes nach Hause. Mira war mit meinen Eltern unterwegs, sie wollten, glaub ich, mit dem Bus fahren.

Michael und ich machten uns auf den Weg zur Seebrücke. Schon von weiterem konnten wir sehen, dass sich dort etwas tat. Wir gingen zielstrebig darauf zu und wurden von den Pyrotechnikern, die das angekündigte Feuerwerk an der Brücke befestigten, gestoppt.

„Hier darf keiner mehr drauf. Es ist zu gefährlich!", sagte einer der Techniker. Total erstaunt und mit weitaufgerissenen Augen sagten wir: „Ja doch, wir müssen hier drauf, denn unser Schiff legt hier gleich an."

„Das kann nicht sein, heute kommt kein Schiff mehr hierhin.", antwortete der Herr. „Hier findet später ein Feuerwerk statt, das von der Seebrücke abgeschossen wird. Überall sind schon die Sprengkörper angebracht!"

"Ja und was nun? Das kann doch nicht ihr Ernst sein? Wir haben die Hin- und Rückfahrt gebucht, da hat keiner was von Sperrung der Seebrücke gesagt! Wir müssen zur Anlegestelle!?", gaben wir schon etwas erbost

zu verstehen.
Der Mann drehte sich um und sagte, dass er mal nachfragen ginge, ob tatsächlich noch ein Boot hier anlegen werde.
Michael und ich schauten uns etwas verwirrt an. Da kam auch schon der Techniker wieder und sagte uns, tatsächlich komme noch ein Schiff. Er führte uns dann vorsichtig bis zu der Anlegestelle ganz am Ende der Brücke und sagte uns, dass wir jetzt hierbleiben müssen, bis das Schiff komme. Denn wir durften nicht mehr zurück.
Oh je, hoffentlich kommt das Schiff auch bald. Hoffentlich kommt es überhaupt, dachte ich.
Mit kurzer Verspätung sahen wir den Kahn heran schippern. Überglücklich gingen wir darauf und fuhren Richtung Heimat.
Erstaunt darüber, dass uns keiner gesagt hatte, dass die Brücke gesperrt wird in dem Nachbarort.
Aber klar, bei wem sonst, wenn nicht bei uns!!

In der Nachbarschaft wurde ein großes Fest, ein runder Geburtstag gefeiert, zu dem wir eingeladen waren. Da es Sommer war und herrliches Wetter mit angenehmen Temperaturen, saßen wir draußen im Garten und genossen das leckere Essen und Trinken. Die Toilette war im Haus, einem Altbau, in der zweiten Etage etwa. Die Frau des Geburtstagskindes (er ist 40 geworden) sagte noch zu mir: „Pass auf, wenn du aufschließt, die Türe klemmt immer etwas!" Kein Thema für mich, klappt schon! Als ich wieder raus wollte, klemmte die Türe natürlich! Das Bad war ein sehr kleiner Raum, in dem ich mich nicht wirklich viel bewegen konnte. „Ganz ruhig, Braune", sagte ich zu mir und ich versuchte noch unzählige Male aufzuschließen. So schwer kann es doch nicht sein!? Scheinbar doch.
Durch das gekippte Fenster konnte ich die Partystimmung draußen hören und ich fing an

zu rufen, damit mir jemand zu Hilfe kam.
Immer wenn der Geräuschpegel nachließ, rief ich laut. Doch leider ohne Erfolg.
Dann hatte ich eine andere Idee, mein Handy! Ich hatte doch die Handynummer der Frau, die ich dann auch prompt anrief. Nach kurzer Erklärung, wo ich mich befand, mussten wir beide erst mal herzhaft lachen.
Sie sagte ihrem Mann Bescheid und nach einiger Zeit öffnete sich die Tür. „Hab ich dir doch gesagt, die Tür klemmt, wenn man abschließt!", war sein einziger Kommentar und lachte dabei. Gemeinsam gingen wir lachend wieder zu der Gesellschaft und taten so, als ob niemals was gewesen wäre.

Bei meinem letzten Aufenthalt in der mehrmals erwähnten MS-Klinik sind natürlich auch wieder ein paar seltsame Dinge geschehen. Eines Morgens, ich hatte Krankengymnastik, ging ich in den Gymnastikraum. Dort war noch ein anderer

Therapeut mit einer Patientin, mehrere Liegen befanden sich in dem Raum. Wenn man den Raum betritt, befindet sich auf der rechten Seite ein Therapie-Rad.
Beim Betreten der Halle fing auf einmal das Rad an sich zu drehen. Alle schauten mich verdutzt an. Selbst total
erstaunt über die Situation zuckte ich nur mit den Schultern, streckte meine Hände nach vorne und sagte zu meiner Verteidigung: „Ich habe gar nichts gemacht".
Dann, an einem anderen Morgen, putzte ich mir ganz normal meine Zähne mit der elektrischen Zahnbürste, die während dem Putzen immer wieder ausging. Obwohl sie die ganze Zeit an der Ladestation angeschlossen war. Hm, komisch, dachte ich mir. Nun gut, werde ich die Zahnbürste auf die Station stellen, aber den Stecker aus der Steckdose ziehen. Als ich das machte, fing die Bürste an zu laufen. Oh je, was war das denn jetzt für ein Spuk? Ich nahm sie, schaltete sie wieder

aus und stellte sie erneut auf die Station. Nichts passierte, so wie es ja auch sein soll. Kaum ging ich aus dem Bad, hörte ich, wie sie wieder anging.

Was konnte ich denn noch tuen? Bürste von der Station nehmen, obwohl sie eigentlich aufgeladen werde musste. Ok, versuch ich das mal. Nach ein paar Minuten, ohne erneutes Einschalten der Bürste, verließ ich mein Zimmer und ging frühstücken.

Vor der nächsten Anwendung ging ich in mein Zimmer und musste mit Erstaunen sehen, was in der Zwischenzeit passiert war. Die Zahnbürste hatte sich wie von Geisterhand angeschaltet und ihr Unwesen im Waschbecken getrieben. Alles war vom Beckenrand nun im Waschbecken. Die Bürste war total heiß gelaufen.

Bestimmt ist mir noch mehr Lustiges und auch Blödes passiert in meinem Leben, aber ich denke, das reicht jetzt auch schon.

ENDE

Okay, einer geht noch:

Endlich war es soweit und unser Sommerurlaub in Bulgarien stand vor der Tür. Juli 2015!
Den Tag vor der Abreise hatte ich ein Klassentreffen von der Grundschule. Da unser Flug schon sehr früh morgens losging und wir schon um 1.30 nachts zum Flughafen fahren mussten, standen mir zwei Möglichkeiten zur Auswahl. Entweder die Feier schon recht früh zu verlassen und schlafen bis zur Abfahrt oder durchzumachen! Wer mich kennt, weiß sofort meine Entscheidung.
Durchmachen hieß die Devise.
Es war ein sehr schöner Abend gewesen. Die

Erinnerungen an die damalige, lange zurückliegende Zeit war sehr schön und spaßig. Sogar unsere Klassenlehrerin von früher war meiner Einladung gefolgt und erschienen. Richtig super!

Bilder von früher machten ihre Runde, wo man sich kaputtgelacht hatte über die damalige Mode.

Na, wie es dann so ist, hab ich natürlich auch etwas Alkohol getrunken, da ich ja nicht selber fahren musste.

Nachdem schon ziemlich viele die Feier verlassen hatten, beschlossen wir, ein früherer Klassenkamerad, der Fahrer und meine Freundin aus dem gleichen Ort kommend, auch zu fahren.

Etwas beschwipst und gut gelaunt kam ich dann pünktlich zur Abfahrt an den Flughafen nach Hause. Mein Mann und unsere Tochter waren noch dabei sich fertig für die Reise zu machen. Schnell hab ich noch meinen Rucksack gepackt, den ich als Handgepäck mitnehmen wollte. Mein Mann tat noch schnell unser Tablet in meinen Rucksack, die Handyladegeräte, mein Deo steckte ich noch schnell darein, da ich ja sozusagen "durchgemacht", mich also nicht mehr geduscht oder gewaschen hatte, sah ich es als notwendig an.

Okay. Ready to take off!!!!

Pünktlich standen wir an dem uns angegebenen Schalter. Dort fragten wir nach dem "barrierefreien" Flug. Sprich, der Flughafen ist riesig groß, kaum zu schaffen für mich mit Rollator. Das Personal dort gab das weiter und kurz darauf kam auch schon jemand mit dem Rollstuhl angefahren. Entsetzt schaute ich mir den Rollstuhl an, er war sehr breit und total hässlich!! Geschämt hatte ich mich etwas, aber was blieb mir übrig. Meinen Rollator hatte ich ja mit aufgegeben zum Gepäck. Neben dem Schalter war ein Fahrstuhl. Da wir eine Etage tiefer mussten, riefen wir den natürlich. Der Rollstuhlschieber sagte uns

einfach, als wir einstiegen: „eine Etage runter und Sie sind direkt am Eincheckterminal."
Mira, unsere Tochter, nahm die daneben liegende Rolltreppe.
Wir wählten die besagte Ebene und fuhren runter. Unten angekommen öffnete sich die Tür nicht. Oh mein Gott!! Angst überfiel mich leicht. Was nun? Meine Gedanken waren sofort bei Mira. Sie ganz allein, hoffentlich bekommt sie keine Angst.
Natürlich nicht, denn sie ist ja schließlich kein Baby mehr. (Aber Mütter halt)
Plötzlich machte sich der Fahrstuhl wieder auf den Weg nach oben. Eine Familie mit Kinderwagen stand davor und stieg ein. Erneut fuhren wir runter und erneut ging auch diesmal die Tür nicht auf. „Tja", sagte ich, „soweit waren wir eben auch schon!" Als wir erneut oben waren, wartete schon jemand vom Personal auf uns und nahm uns mit einem anderen Fahrstuhl mit. Endlich unten sah ich auch schon unsere Tochter. Kopfschüttelnd

kam sie auf uns zu und sagte: „Wie dumm seid ihr eigentlich, hier am Fahrstuhl hängt doch ein Zettel "Außer Betrieb"!" Haha, wie lustig. Den Zettel hätten die auch mal an der anderen Seite anbringen sollen. Egal, jetzt waren wir ja da.
Check In. Handgepäck aufs Fließband, Körper abscannen, Frage nach Elektroartikel im Handgepäck oder sonstige Sachen, die man so gefragt wird, mit „Nein" beantwortet und gegenüber auf den Sitzplätzen Platz genommen. Mira und Michael gingen an die Scheibe und schauten dem Treiben auf der Start- und Landebahn zu. Kurz darauf stellte sich ein Mann vor mich und fragte mich, ob ich was vermisse!? "Nö", sagte ich überzeugend. "Wirklich nicht? Wo ist denn Ihr roter Rucksack?" Hui, tatsächlich. Den hatte ich wohl vergessen mitzunehmen nach der Kontrolle.
Mit einem Lächeln im Gesicht sagte ich zu ihm: „Den haben sie bestimmt hinter sich!"

Ach herrje, ich hatte wohl vergessen, wo ich war. Denn man verstand keinen Spaß mit herrenlosen Gepäckstücken an einem sehr großen, internationalen Flughafen. Mit ernster Miene und finsterem Blick, forderte der Herr mich auf, mitzukommen. „Oh je, was hab ich denn jetzt schon wieder gemacht!?" Erstaunt dreinblickend folgte ich ihm. In einem etwas abgelegenen Büro, wo noch ein anderer Zollbeamter, so vermutete ich, saß, war mein Rucksack. Der Mann, der mich mitgenommen hatte, fragte mich, warum ich ihn belogen hätte, als er mich nach Elektroartikeln und sonstigen Sachen gefragt habe! Schließlich habe ich ein Tablet dabei und Deo, Flüssigkeiten. "Ach herrje."
Leicht stotternd und nach Worten suchend sagte ich einfach: „Tut mir leid, aber den hat wohl meine Tochter noch eingesteckt ohne mein Wissen!" Sorry dafür an mein Kind, aber ich wusste in dem Moment nichts Besseres zu sagen, um aus dieser verzwickten Situation

heil rauszukommen. Mittlerweile war auch mein Mann in dem Büro eingetroffen. Das Tablet wurde noch wegen Sprengstoffspuren und weiteren Dingen, keine Ahnung, mit einem Tuch vorsichtig abgewischt. Nicht erfreut über diese Angelegenheit entließen die Männer uns dann. Michael schaute mich total entsetzt an und fragte, was passiert war. Ich erzählte ihm schmunzelnd von dem Vorfall und er fand das in dem Moment gar nicht so witzig wie ich. Innerlich hätte ich mich wegschmeißen können vor Lachen, denn wie oft hatte ich schon darüber geredet, „einfach mal ein herrenloses Gepäckstück am Flughafen stehen lassen und das würde dann in allen Nachrichten kommen." Aber dass mir das wirklich in abgeschwächter Form selber mal passiert, hätte ich nicht gedacht, geschweige denn geplant.

    Jetzt aber echt:

ENDE

Die meisten Namen in diesem Buch sind aus urheberrechtlichen Gründen von mir geändert worden, jedoch die Situationen nicht.
Die Person oder Personen, über die ich berichtete, werden sich bestimmt wiedererkennen!!

D A N K E

Bedanken möchte ich mich erstmal bei DIR, dass Du mein Buch gelesen hast!!

Dann bei all denjenigen, die dabei waren, als ich die ganzen witzigen Situationen, Momente erlebt habe.

Danke für das Mitlachen und nicht Auslachen!!

Danke, dass ich das alles erlebt und überlebt habe.

Dank all denen, die mir "geholfen" haben, wenn ich mal wieder in blöden Situationen steckte.

Danke für das Lachen überhaupt!!!

Besonderen Dank an meine Familie, die mir immer die Zeit und Ruhe zum Schreiben gegeben haben. Ein ganz herzliches Dankeschön an Günni J., der mir immer bei Computerproblemen oder Fragen geholfen hat. Besonderen Dank an meine Korrekturleserin!

D A N K E !!!!!!

Weitere Projekte von mir:

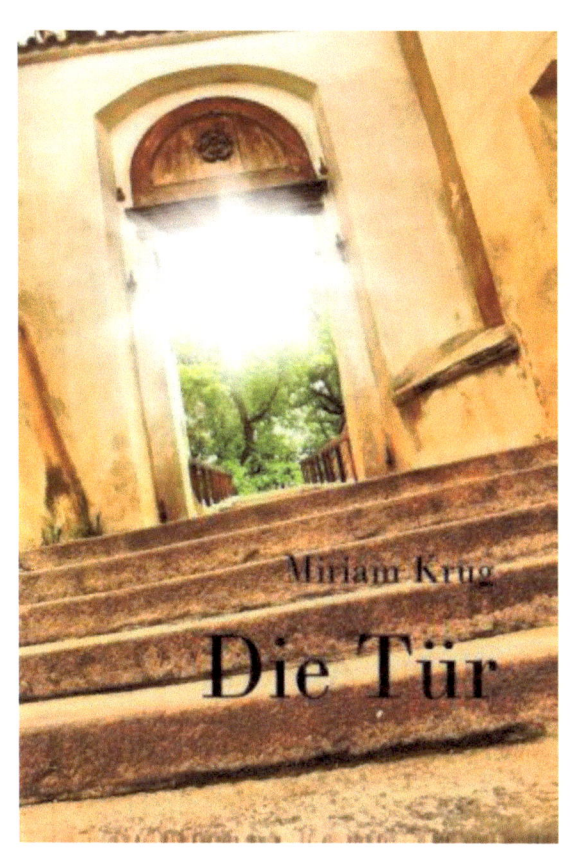

Mein Leben mit MS!!

ISBN 9783848232710

7,90€

Leseprobe:

Als sich die Tür des Neurologen schloss, schloss sich auch die Tür ihres bisherigen Lebens. Sie hatte gerade die Diagnose Multiple Sklerose erhalten. Es war das Jahr 1993, Miriam war 18 Jahre alt, hatte lange dunkelbraune Haare und blaugrüne Augen. Ihr Wesen war lebensfroh, witzig und nett. Eigentlich hatte sie noch gar keine Ahnung vom Leben, geschweige denn von MS.
Was ist diese Krankheit, was bedeutet sie für Miriam und ihr weiteres Leben? Zuerst war das Leben natürlich zu Ende, hatte sie gedacht.
Doch zu diesen Zeitpunkt und noch lange Zeit danach hatte sie **die Tür**, die sich für sie und ihr Leben geöffnet hat, noch nicht gesehen – oder sehen wollen.

Auf der Fahrt nach Hause, nachdem sie die schreckliche Diagnose bekommen hatte, ging ihr das bisherige Leben wie in einem Film in Sekundenschnelle durch den Kopf.
Miriam steckte gerade im zweiten Ausbildungsjahr zur Einzelhandelskauffrau, als plötzlich ihre Beine wie eingeschlafen waren. Ein Gefühl wie „Ameisenlaufen", oder wie eingeschlafene Beine in einer ungewohnten Haltung. Was war das denn nur, dachte sie. Ach, das wird schon wieder weggehen, war ihr Gedanke.

Nach zwei Wochen , mit anhaltenden Gefühlsstörungen, war Miriam dann endlich zu ihrem Hausarzt gegangen, um ihm ihre Beschwerden zu schildern, der sie daraufhin weiterschickte zu einem Orthopäden, der die Lendenwirbel wieder einrenken sollte.

Nach dem Einrenken dachte sie, das war es dann wohl. Aber auch nach weiteren zwei Wochen hatte sich keine Besserung eingestellt. Also ging sie wieder zum Hausarzt, der meinte, dass es wohl besser wäre, zu einem Neurologen zu gehen.

Herstellung und Verlag:
BoD - Books on Demand, Norderstedt
ISBN 978-3-7431-3979-4